Conserver la Couverture

UNIVERSITÉ DE POITIERS
FACULTÉ DE DROIT

74

DE LA CONDITION

DES

ENFANTS NÉS EN FRANCE

DE PARENTS ÉTRANGERS

THÈSE POUR LE DOCTORAT

PRÉSENTÉE ET SOUTENUE

Le lundi 26 Juin 1899, à 3 heures, dans la salle
des Actes publics de la Faculté

PAR

Etienne REGAUDIE

AVOCAT A LA COUR D'APPEL DE LIMOGES

POITIERS

IMPRIMERIE BLAIS ET ROY

7, RUE VICTOR-HUGO, 7

1899

DE LA CONDITION

DES

ENFANTS NÉS EN FRANCE

DE PARENTS ÉTRANGERS

UNIVERSITÉ DE POITIERS

FACULTÉ DE DROIT

MM. Le Courtois (✻, 1 ✯), Doyen, Professeur de Droit civil.

Ducrocq (O ✻, ✯ ✯), Doyen honoraire, Professeur honoraire. Professeur à la Faculté de Droit de Paris, Correspondant de l'Institut.

Thézard (1 ✯), Doyen honoraire, Professeur de Droit civil, Sénateur.

Arnault de la Ménardière (1 ✯), Professeur de Droit civil.

Normand (1 ✯), Professeur de Droit criminel, assesseur du Doyen.

Parenteau-Dubeugnon (1 ✯), Professeur de Procédure civile.

Arthuys (1 ✯), Professeur de Droit commercial et chargé du Cours de Droit maritime.

Bonnet (1 ✯), Professeur de Droit romain.

Petit (1 ✯), Professeur de Droit romain, chargé des Cours de Science et Législation financières et de Pandectes (Doctorat).

Barrilleau (1 ✯), Professeur de Droit administratif et chargé d'un Cours de Droit administratif pour le Doctorat.

Surville (1 ✯), Professeur de Droit international public et privé, et chargé d'un Cours de Droit civil.

Prévot-Leygonie (A ✯), Professeur d'Histoire du Droit public (Doctorat), de Principes du Droit public et Droit constitutionnel comparé (Doctorat), chargé d'un Cours de Droit international public.

Michon (A. ✯), Professeur adjoint, chargé des Cours d'Histoire générale du Droit français et d'Eléments du Droit constitutionnel (1re année), et du Cours d'Histoire du Droit (Doctorat).

Chéneaux, Professeur adjoint, chargé des Cours d'Economie politique (Doctorat), d'Histoire des Doctrines économiques et de Législation et Economie rurales.

Girault (A ✯), Professeur d'Economie politique et chargé du Cours de Législation et Economie coloniales.

Audinet (A ✯), Professeur à la Faculté de Droit de l'Université d'Aix-Marseille, chargé des fonctions d'agrégé à la Faculté de Droit de l'Université de Poitiers, et du Cours de Droit civil comparé (Doctorat), et d'un Cours de Droit international public.

Isambert, Docteur en Droit, Chargé de conférences.

Roche (1 ✯), Secrétaire.

Coulon (1 ✯), Secrétaire honoraire.

COMMISSION

Président : MM. Surville, professeur.

Suffragants : { Arthuys, professeur.
{ Chéneaux, professeur adjoint.

UNIVERSITÉ DE POITIERS

FACULTÉ DE DROIT

DE LA CONDITION

DES

ENFANTS NÉS EN FRANCE

DE PARENTS ÉTRANGERS

THÈSE POUR LE DOCTORAT

PRÉSENTÉE ET SOUTENUE

Le lundi 26 Juin 1899, à 3 heures, dans la salle
des Actes publics de la Faculté

PAR

Etienne REGAUDIE

AVOCAT A LA COUR D'APPEL DE LIMOGES

POITIERS

IMPRIMERIE BLAIS ET ROY

7, RUE VICTOR-HUGO, 7

1899

DE LA CONDITION

DES ENFANTS NÉS EN FRANCE

DE PARENTS ÉTRANGERS

INTRODUCTION

I

Tout homme, dès sa naissance, doit avoir une nationalité, de même qu'il a une famile. Mais d'après quels principes se règle l'attribution de la nationalité ? Sur quelles bases convient-il de s'appuyer, pour décider que tel individu appartiendra à telle ou telle patrie? C'est là une question qui de tout temps a préoccupé à juste titre les législateurs de tous les pays. Question d'une importance considérable, car il est nécessaire de poser à ce sujet des règles précises, de manière à conjurer le danger social résultant de l'agglomération, sur un territoire, d'individus qui ne relèvent d'aucune nationalité.

Si l'on envisage les liens de relation qui se créent

au moment de la naissance, on remarque que l'enfant se trouve placé dans un double rapport de dépendance. D'une part, en effet, il est rattaché à ses auteurs par les liens du sang, il y a entre lui et ses père et mère un lien de filiation. D'autre part, il s'établit un second rapport, entre cet enfant et le sol sur lequel il a vu le jour, c'est là un rapport réel, territorial.

Par suite, si l'on prend comme point de départ ces deux éléments bien distincts, on peut concevoir à priori deux systèmes absolument différents pour déterminer la nationalité. Tout d'abord, on peut s'attacher uniquement au lien de filiation, abstraction faite de tout rapport réel, et décider que tout individu, dès le moment de sa naissance, relèvera de la même nationalité que ses auteurs. Ou bien au contraire, considérant le seul rapport réel qui rattache l'enfant au lieu de sa naissance, on peut lui attribuer dans tous les cas la nationalité du pays qui l'a vu naître.

Le premier système, qui se réfère plutôt à la similitude de caractères et de mœurs, a été appelé le système du *jus sanguinis*.

Quant au second, qui suppose, à l'inverse, un attachement plus profond pour le sol natal, il est connu sous le nom de système du *jus soli*.

Ces deux systèmes, d'une simplicité évidente, présentent le grand avantage d'être d'une application facile dans la pratique.

Mais cet avantage se trouve aussitôt diminué par leur caractère trop absolu. Si l'on s'en tient uniquement à l'un ou à l'autre, on arrive à ne tenir aucun compte des convenances personnelles, des intérêts, des inclinations de chaque individu, qu'il est cependant juste de respecter dans la mesure du possible.

Aussi, à côté de ces systèmes simplistes, en a-t-on imaginé deux autres, plus satisfaisants pour l'esprit, et qui résultent de leur combinaison.

Nous pouvons très bien supposer, en effet, une législation qui prend comme base de détermination de la nationalité le principe du *jus soli*. On déclare national d'un pays, tout individu né sur son territoire. Mais au lieu de s'en tenir à cette application rigoureuse de la règle, on y apporte un tempérament, et on décide que l'intéressé pourra, si bon lui semble, conserver la nationalité de ses parents. Pour arriver à ce but, on lui procure les moyens nécessaires à l'exercice de son droit d'option.

Imaginons au contraire une autre législation, qui veuille attribuer la nationalité en s'appuyant sur le principe du *jus sanguinis*. Elle déclarera que tout nouveau-né doit suivre la nationalité de ses auteurs. Et pour atténuer la rigueur du principe, elle accordera à cet enfant le droit et les moyens de devenir national du pays sur lequel il est né, dans le cas où son attachement pour ce pays, ou ses intérêts personnels le pousseraient à lui demeurer attaché.

En combinant ainsi les deux systèmes du *jus soli* et du *jus sanguinis*, on arrive à des solutions beaucoup plus équitables, et rationnellement plus satisfaisantes. Le dernier système surtout semble donner le plus de garanties. Il est logique, en effet, de déterminer la nationalité d'un individu d'après celle de ses parents, car le lien de filiation est beaucoup plus étroit, plus intime que celui qui résulte de la naissance, souvent accidentelle, sur un territoire étranger. Les parents transmettent à leurs enfants leurs idées, leurs sentiments, leurs affections, et certainement la patrie préférée de l'enfant sera celle dont ses parents lui auront inspiré l'amour dès son bas-âge. Aussi dans la plupart des cas donnera-t-on satisfaction plus entière à l'individu, en lui attribuant la nationalité de ses auteurs. Toutefois, le tempérament apporté au système le complète d'une façon heureuse. Il peut arriver, en effet, que les parents se soient établis à demeure sur un territoire par rapport auquel ils sont étrangers, et qu'ils y aient fixé leurs intérêts en même temps que leurs affections. Par suite ils élèveront leurs enfants dans l'idée de cette patrie nouvelle, et il est juste alors de faciliter à ces derniers l'acquisition de cette nationalité.

Enfin on pourrait encore concevoir un autre système législatif, moins logique, il est vrai, que le précédent, et d'après lequel on déclarerait nationaux d'un pays, à la fois ceux qui naissent de nationaux, même en pays étranger, et ceux qui naissent sur le territoire, même de parents étrangers (1).

II

Un aperçu rapide des législations anciennes et de celles qui ont précédé nos lois actuelles nous permettra de voir l'importance attribuée au *jus sanguinis* et au *jus soli*, dans la détermination de la nationalité d'origine.

En Grèce, comme à Rome, le système en vigueur était celui du *jus sanguinis*. Les Grecs, plus sévères encore que les Romains, n'admettaient comme citoyens que ceux qui naissaient d'un père et d'une mère, eux-mêmes citoyens. Lorsque cette qualité faisait défaut à l'un ou à l'autre de leurs auteurs, les enfants, appelés « Νοθοί », suivaient en tout la condition des étrangers (2). Leur situation correspondait assez exactement à celle des « pérégrins », chez les Romains.

A Rome, la même théorie était appliquée d'une façon à peu près identique. On distinguait les enfants nés *ex justis nuptiis*, et ceux qui naissaient d'une union irrégulière. Les premiers, en principe, devaient suivre la condition du père, tandis que les autres suivaient la condition de la mère. Quelques excep-

---

(1) Surville et Arthuys, *Cours élémentaire de droit international privé*.

(2) Samuel Petit, *Comment. in leges atticas*, liv. II, tit. 4.

tions avaient cependant été apportées, en cette matière, surtout quant aux enfants nés hors mariage. Plusieurs lois et sénatus-consultes étaient venus déroger au principe « partus ventrem sequitur ». C'est ainsi, notamment, qu'une loi *Mensia*, ou *Minicia* refusait le droit de cité aux enfants nés d'un concubinat, d'un *contubernium*. De même le sénatus-consulte Claudien interdisait la cité romaine aux individus issus du commerce d'une femme romaine avec un esclave. Mais ces dispositions furent abrogées par l'empereur Hadrien, qui rendit à la règle « partus ventrem sequitur » toute sa portée.

Il en résulta une légère atténuation au principe rigoureux appliqué pour déterminer la nationalité ; car on arrivait ainsi à considérer comme citoyens romains des individus, dont l'un des auteurs au moins n'avait pas cette qualité.

D'autre part, à certaines époques de l'histoire de Rome, on rencontre des annexions de territoire à la mère patrie, auxquelles viennent se joindre des naturalisations en bloc, de tous les habitants. Ce fait se produit, après les conquêtes, lorsque les Romains, cédant au besoin d'augmenter leurs forces et leur territoire, transportent dans leur sein, en se les assimilant, les ennemis vaincus (1).

Toutefois ce ne sont là que des atténuations bien légères au principe fondamental. Et dans ces légis-

(1) Tite-Live, I, 29 et 33 ; II, 4.

lations anciennes, on ne voit pas apparaître la préoccupation de fixer la nationalité en s'appuyant sur le *jus soli ;* on ne s'inquiète pas de l'influence que peut avoir la naissance arrivée sur tel ou tel territoire déterminé.

Chez les Germains, la nationalité d'origine ne se détermine, ni par le *jus sanguinis*, ni par le *jus soli.* On y rencontre une législation absolument spéciale. Pour être germain, il faut avoir été reçu dans une tribu ; peu importe la nationalité à laquelle appartiennent les parents, peu importe également le lieu de la naissance. « Et on voit alors se présenter ce singulier phénomène, d'un peuple, pour qui la naissance n'est pas une cause de protection, qui confond sous le même nom d'étranger tous ceux qui ne sont pas affiliés, qu'ils soient étrangers proprement dits, ou d'origine germaine (1). »

Ce n'est qu'au commencement des temps modernes que l'on voit surgir le second principe, celui du *jus soli*, alors que l'idée de souveraineté territoriale remplace peu à peu l'idée d'association. Une lente évolution se produit, qui va nous amener, à l'époque féodale, à un changement complet dans le mode de détermination de la nationalité. L'idée de personnalité des lois va se trouver remplacée par celle de la territorialité des coutumes. Les seigneurs se déclarent souverains maîtres du territoire soumis à

_____

(1) Ch. Beudant, *Revue critique de législation et de jurisprud.*, 1856, t. IX, p. 65.

leur domination ; de là une idée de dépendance absolue. Tout individu est soumis à la loi du lieu où il se trouve, et par suite tout enfant au moment de sa naissance devient un sujet du pays sur lequel il naît.

A l'époque féodale, l'homme semble être un accessoire de la terre. « L'homme et la terre étaient une seule et même chose, et l'un se confondait dans la nature de l'autre, » disait Boissy d'Anglas (séance du 22 frimaire an X). Aussi à cette époque trouve-t-on l'application unique et absolue du principe territorial, du *jus soli*, dans toute sa rigueur.

Le même régime subsiste encore au xvie siècle, malgré la lutte de la royauté contre les idées féodales. Bacquet professait à cette époque, « que les vrays et naturels Français sont ceux qui sont naiz, dedans le royaume, païs, terres et seigneuries, de de la nation, domination et obéissance du Roy » (1). Les autres auteurs du même temps emploient à peu près le même langage. Pasquier, voulant définir ce qu'on doit entendre par Français, s'exprimait ainsi : « les vrais et naturels Français sont nés dans le royaume… (2) » Ainsi à cette époque on ne fait aucune différence entre les enfants nés de parents français, et ceux nés de parents étrangers. Pourvu que la naissance ait eu lieu sur le territoire du royaume, le fait seul de cette naissance entraîne

(1) Bacquet, *Droit d'aubaine*, I, ch. I, no 2.
(2) Pasquier, Ire partie, ch. I, no 2.

pour l'enfant la qualité de français d'une manière définitive, et à compter du jour où cet enfant est venu au monde. L'explication de cette règle peut se rencontrer dans les idées de sujétion nées de la féodalité, et aussi dans le besoin d'augmenter le nombre de la population. Il y avait là un moyen d'accroître le nombre des nationaux français, et par suite celui des soldats, avantages précieux à cette époque où les luttes étaient continuelles.

Un siècle plus tard, cette théorie, malgré son caractère absolu, n'a pas subi de modifications importantes. Il suffit pour s'en convaincre de lire Pothier : « on ne considère pas, dit-il, si ceux qui sont nés en France sont nés de parents français ou de parents étrangers, si les étrangers sont domiciliés dans le royaume, ou s'ils n'y sont que passagers ; la seule naissance dans le royaume donne les droits de naturalité, indépendamment de l'origine des pères et mères, et de leur demeure(1). »

C'est bien toujours l'application de la même règle, mais il faut remarquer qu'on admettait en France la réciproque du principe. On considérait comme étrangers tous les individus nés hors du territoire du royaume. Quelle que fût la nationalité de leurs auteurs, ces personnes étaient considérées comme des « aubains » et « aubain, disaient nos vieux auteurs,

---

(1) Pothier, *Traité des personnes*, partie Ire, titre II, section Ire, no 45.

signifie autant qu'estranger et homme natif hors de
France (1). »

Cependant, dès cette époque, une sorte de réaction semble se produire contre l'application absolue
du *jus soli*. Et à la fin du xviiᵉ siècle on voit le principe
du *jus sanguinis* reprendre un peu de son empire
au détriment du principe territorial appliqué jusqu'alors en France. Basnage (2) et d'Aguesseau (3)
déclarent constante l'opinion que les enfants d'un
père ou d'une mère français, nés hors du royaume,
ne sont pas réputés étrangers.

Pothier, lui-même, tout en constatant que les individus nés en France sont Français, semble faire
certaines distinctions, établir certaines catégories.
C'est ainsi qu'il fait remarquer qu'on ne distingue
pas si ces individus « sont nés de Français ou d'étrangers, si les étrangers sont domiciliés dans le royaume,
ou s'ils n'y sont que passagers ». Ne faudrait-il pas
voir, dans cette sorte de classification établie par
Pothier, l'idée de soustraire à l'application de la loi
générale ces diverses catégories, et de leur appliquer des règles particulières ? il semble bien qu'on
trouve dans son langage le commencement de la

(1) Bacquet, t. 1, ch. II, c° 1. — « Tout homme qui n'est pas né
dedans le royaume, pays, terres et seigneuries de l'obéissance du
roi de France, est appelé aubain, ou bien étranger : soit qu'il fasse
résidence continuelle au royaume, soit qu'il y demeure pour certain
temps seulement, soit qu'il y soit simple viateur et passager. »
(2) Basnage, *Œuvres*, I, p. 248.
(3) D'Aguesseau, *32ᵉ plaidoyer*, III, p. 129.

lente évolution, qui devait se produire dans la suite, et la préoccupation naissante d'arriver à une législation mieux comprise et moins absolue.

Quoi qu'il en soit, le principe du *jus soli* n'en a pas moins subsisté, comme théorie dominante et de droit commun, jusqu'à la promulgation du titre I du Code civil (8 mars 1803). Jusqu'à cette époque, tous les individus nés en France, et par suite les fils d'étrangers, comme les fils de Français, sont considérés comme Français d'origine.

Pendant toute la période intermédiaire, les textes que nous allons rencontrer consacrent une solution analogue. Le même système se trouve rappelé, dans toutes les constitutions de cette époque (1). Cependant un élément nouveau se fait jour, et vient corriger la rigueur de l'ancien principe. On tient toujours compte de la naissance sur le sol français, pour attribuer la qualité de national. Les enfants nés de parents étrangers sont bien admis à tous les droits des nationaux français; mais ils ne sont plus Français malgré eux. La volonté de ces individus est prise en considération, et intervient dans l'attribution de la nationalité. Pour être Français définitivement, les individus nés en France sont désormais obligés de manifester leur volonté de le devenir ; et ils le font de diverses façons, suivant les divers modes établis

(1) *Constitution des 3-14 septembre 1791*, tit. 2, art. 2.— *Constitution du 24 juin 1793*, art. 4. — *Constitution du 5 fructidor an III*, art. 8. — *Constitution du 22 frimaire an VIII*, art. 2.

par les constitutions, modes qui ont varié avec elles,
mais qui n'en concourent pas moins au même but.

La constitution des 3-14 septembre 1791, art. 2,
tit. II, établit ainsi la réglementation en la matière :
« sont citoyens français ceux qui sont nés en France
d'un père français ; ceux qui, *nés en France d'un*
père étranger, *ont fixé leur résidence dans le royaume ;*
ceux qui nés en pays étranger d'un père français
sont venus s'établir en France et ont prêté le serment
civique. »

Voilà la première brèche faite au système du *jus*
soli. Pour être Français, il faut être né en France,
mais cela ne suffit plus. L'art. 2 établit une distinction entre les individus nés en France. Sont Français :
d'une part les enfants d'un père français ; pour ceux-
là il est tout naturel de les déclarer Français, les
liens du sang et le rapport territorial créé par leur
naissance concourent à leur donner cette qualité.
D'autre part, on distingue les enfants nés sur le sol
français, de parents étrangers, et on les déclare
Français eux aussi ; mais non plus Français d'origine,
comme sous la législation antérieure. Pour devenir
nationaux de notre pays, ils devront prouver leur attachement et leur fidélité par une manifestation bien
libre de leur volonté ; ils devront fixer leur résidence
dans le royaume. Et il n'est guère douteux qu'en
parlant ici de résidence on ait voulu parler, non pas
de la résidence au sens propre du mot, mais d'un établissement durable, définitif. On a voulu désigner

ainsi le fait, pour un individu, de s'établir en France, d'y installer une industrie ou un commerce, en un mot de concourir à la richesse et à la défense du pays.

Cette condition de résidence, imposée par la constitution de 1791, est une conséquence de cette idée qu'il est dangereux d'incorporer dans une nation des individus n'ayant aucune espèce d'attachement pour elle. Elle résulte aussi du développement que prend le principe du *jus sanguinis*, parallèlement à celui du *jus soli*. Ce même article 2 tranche en effet la question de savoir si les enfants de Français nés à l'étranger sont Français, et il indique les conditions qu'ils doivent remplir pour acquérir cette qualité.

La constitution du 24 juin 1793 ne modifie pas, d'une manière sensible, la situation préexistante. Elle maintient la condition déjà établie, quoique s'exprimant en termes un peu différents : « Tout homme né et domicilié en France, âgé de 21 ans accomplis... est admis à l'exercice des droits du citoyen français. » Mieux inspirée que la précédente, la constitution de 1793 ne parle pas de résidence, mais bien de domicile. L'individu âgé de vingt et un ans, né et domicilié en France, est Français. C'est donc au moment de la majorité qu'il faut considérer le domicile du réclamant. Pendant sa minorité, en effet, il ne saurait avoir de domicile propre, autre que celui de ses parents ou de son tuteur. Aussi considère-t-on que le simple fait pour cet individu d'être domicilié en France au moment de sa majorité, constitue de sa part une manifestation suffisante de volonté : il y a là une sorte d'acceptation tacite.

Avec la constitution du 5 fructidor an III, les conditions exigées, pour acquérir la qualité de Français, deviennent plus nombreuses. Son art. 8 est ainsi conçu : « Tout homme né et résidant en France, qui, âgé de 25 ans accomplis, s'est fait inscrire sur le registre civique de son canton, qui a demeuré depuis pendant une année, sur le territoire de la République et qui paie une contribution directe, foncière ou personnelle, est citoyen français. » Ainsi au fait de la naissance sur le territoire et du domicile au moment de la majorité, conditions déjà exigées par la constitution du 24 juin 1793, viennent s'en ajouter d'autres, tout aussi importantes. On trouve, dans cette formalité de l'inscription sur le registre civique, l'idée première des déclarations qui seront plus tard exigées par les lois de 1889 et de 1893, et réglementées par ces mêmes lois d'une façon précise. Sous l'empire de la constitution de l'an III, celui qui veut obtenir la qualité de Français doit donc être né sur le territoire et y résider. Mais, en outre, il doit manifester son intention d'être Français, en se faisant inscrire sur le registre civique de son canton. Cette inscription faite, l'intéressé devra demeurer pendant une année entière sur le territoire de la République et payer une contribution. Le but poursuivi est facile à voir : ce que désire avant tout le législateur, c'est d'arriver à ne déclarer Français que ceux qui ont réellement l'intention de l'être. Et on insiste particulièrement sur leur établissement en France, puisqu'on oblige les déclarants à fixer leur domicile sur le sol français pendant l'année qui suit leur inscription.

Une différence est à signaler ici entre la constitution de l'an III et ses devancières, au point de vue de la majorité. Tandis que jusqu'alors on plaçait à 21 ans accomplis l'âge auquel devrait se produire le choix de la nationalité, ici au contraire cet âge se trouve reculé jusqu'à 25 ans. Il faut voir, semble-t-il, dans ce fait, la préoccupation de permettre à l'intéressé d'avoir dans tous les cas atteint sa majorité, d'après la loi dont il relèverait, s'il se refusait à obtenir la nationalité française.

Arrivons enfin à la constitution du 22 frimaire an VIII. Elle ne contient pas d'innovation en la matière, et reproduit, à peu de choses près, les dispositions de la précédente. Son article 2 porte en effet : « Tout homme né et résidant en France, qui, âgé de 21 ans accomplis, s'est fait inscrire sur le registre civique de son arrondissement communal, et qui a demeuré depuis, pendant un an, sur le territoire de la République, est citoyen français. »

Les seules divergences à signaler, c'est que l'âge d'option est ramené à 21 ans et qu'il n'est plus question du paiement d'une contribution.

En somme il est facile d'observer que toutes les constitutions de l'époque intermédiaire se font remarquer par un caractère commun. Toutes, elles prennent pour base de la détermination de la nationalité, le principe du *jus soli*, le fait de la naissance en France. Mais, à l'opposé de l'ancien régime, elles font intervenir un nouvel élément. Celui qui naît en France de parents étrangers n'est plus comme autrefois Français d'origine et Français malgré lui. On lui réserve le droit de manifester sa volonté à cet égard. Il y a là, incontestablement, un progrès considérable ; c'est la consécration du principe de la liberté de chacun ; liberté si précieuse surtout lorsqu'elle met en jeu des intérêts aussi puissants que ceux qui peuvent découler de la nationalité.

Bien que le principe du *jus soli* soit demeuré la base de la législation de cette époque, il s'est produit à ce moment-là une sorte de lutte entre les deux systèmes du *jus soli* et du *jus sanguinis* ; lutte qui allait devenir beaucoup plus vive, au moment de la rédaction du Code civil. Pour s'en rendre compte, il suffit de se reporter aux travaux préparatoires du Code.

Se plaçant en face d'un horizon beaucoup plus vaste qu'on ne l'avait fait jusqu'alors, tous les rédacteurs s'accordaient à reconnaître que les liens du sang, plus intimes par rapport à l'enfant, devaient faire adopter une solution nouvelle. Partant de cette idée, on reconnaissait que la nationalité française

devait appartenir à tous les enfants issus de parents
français, alors même qu'ils seraient nés à l'étranger.
Mais le désaccord se produisit, lorsqu'il fut question
des enfants nés en France de parents étrangers.
D'une part on soutenait qu'il fallait attribuer à ces
enfants la nationalité française. Le fait seul d'être né
sur le territoire français, disaient les partisans de ce
système, constituait un avantage pour l'intéressé ;
car, à nos yeux, la nationalité française devait être
préférable à toutes les autres. On faisait donc une
faveur à cet enfant, en le déclarant Français, et on
la lui devait, parce qu'il avait eu le bonheur de voir
le jour dans notre pays. On faisait remarquer en
outre que beaucoup d'étrangers s'étaient établis et
mariés en France et que les enfants provenus de ces
unions devaient avoir plus d'attachement pour la
France que pour toute autre patrie. Par suite il
était injuste de les priver de la qualité de nationaux.
Le Premier Consul, avide d'augmenter le nombre
des sujets et des soldats français, était partisan de
l'attribution de la nationalité, par le fait de la naissance sur le territoire. Et en présence des oppositions qu'il rencontrait, il proposait un système mixte,
essayant ainsi de concilier les opinions contraires.
On aurait déclaré Français l'enfant né en France de
parents étrangers, mais en lui laissant le droit d'opter, à sa majorité, pour la nationalité de ses parents (1).

(1) Locré, t. II, p. 35.

Ce système ne prévalut pas. On adopta bien un système intermédiaire, mais ce fut précisément l'opposé de celui que développait le Premier Consul; l'enfant, né en France de parents étrangers, fut déclaré étranger sauf le droit pour lui d'opter à sa majorité pour la nationalité française. D'où la rédaction de l'art. 9 du Code civil de 1804 : « Tout individu né en France d'un étranger pourra, dans l'année qui suivra l'époque de sa majorité, réclamer la qualité de Français, pourvu que, dans le cas où il résiderait en France, il déclare que son intention est d'y fixer son domicile, et que, dans le cas où il résiderait en pays étranger, il fasse sa soumission d'établir son domicile en France, et l'y établisse dans l'année, à compter de l'acte de soumission. »

Cet article 9 venait ainsi renverser la théorie suivie et pratiquée dans l'ancien droit. C'est un retour pur et simple au principe suivi en Grèce et à Rome, le remplacement du *jus soli* par le *jus sanguinis*. La naissance sur le sol français n'entraîne plus les conséquences qu'elle avait eues précédemment; elle devient pour l'intéressé la source d'un droit; du droit d'obtenir la nationalité française. Et encore pour arriver à ce résultat, la naissance sur le territoire ne sera plus suffisante. Le réclamant devra manifester sa volonté de devenir notre national, par une déclaration formelle (1), jointe à des circonstances de fait.

(1) Cette déclaration devait être expresse, et ne pouvait être suppléée.— Cass., 8 juillet 1846. Sirey, 1846, 1, 260.
Elle devait être faite dans l'année de la majorité telle qu'elle était

Système plus rationnel que celui proposé par le Premier Consul, car il rattache, dès l'origine, l'enfant à ses parents. Et grâce à la faveur qui lui est accordée, d'opter à sa majorité, cet enfant pourra, s'il le désire, profiter des avantages attachés à notre nationalité. On évite ainsi d'englober, dans la nationalité française, des individus qui ne pouvaient ressentir pour elle aucune préférence, parce que le fait de leur naissance, sur notre sol, n'avait été qu'accidentel. Il eût été injuste d'obliger ces personnes à faire une déclaration pour se soustraire à un pays, dont ils n'avaient jamais eu l'intention de devenir les sujets. On les aurait mis d'ailleurs dans une situation dangereuse, car, la plupart du temps, ils auraient certainement négligé d'accomplir une formalité qu'ils n'auraient même pas soupçonnée, ce qui pouvait amener des conflits regrettables.

Cependant le système adopté par le Code civil n'était pas sans présenter d'inconvénients. Un grand nombre des individus ainsi favorisés par la loi se montraient fort peu reconnaissants de la situation avantageuse qui leur était faite et peu soucieux d'en profiter. C'est ainsi qu'arrivés à leur majorité ils négligeaient avec soin de faire aucune déclaration. Puis, éludant les dispositions de la loi, ils cherchaient à se prévaloir tantôt de la nationalité française,

fixée par la loi française. — Seine, 1er décembre 1883. Clunet, 1884, p 395. Paris, 1er déc. 1885. Clunet, 1886, p. 96. — En sens contraire : Cass. 20 juin 1888. Sirey, 1888, 1, 300.

tantôt de celle de leurs parents, suivant les besoins de leur cause, et surtout en vue d'échapper à l'obligation du service militaire. Beaucoup d'entre eux tâchaient ainsi de se créer une possession d'état paisible de la qualité de Français, et s'empressaient de s'en prévaloir, lorsqu'ils ne redoutaient plus d'être enrôlés. D'autre part, ces déclarations, qui devaient être reçues par les agents diplomatiques à l'étranger ou les municipalités en France, étaient très souvent mal faites et ne présentaient pas les caractères d'exactitude et d'authenticité, qu'on aurait dû en exiger (1).

Aussi pour remédier à ces inconvénients, et surtout pour parer au danger le plus pressant, celui de se voir envahi par un nombre toujours croissant d'individus, qui se trouvaient en réalité n'avoir aucune nationalité, proposa-t-on plusieurs amendements. On voulait arriver à obliger tous les étrangers tombant sous le coup de l'art. 9 à opter d'une façon réelle entre les deux nationalités qui leur étaient offertes ; le péril eût ainsi été conjuré.

En 1831, lors de la discussion sur la loi du recrutement, une première proposition fut déposée, ainsi conçue : « l'individu né en France de parents étrangers, domiciliés depuis plus de vingt ans sur notre territoire, est Français de plein droit, et, comme tel, soumis au service militaire, à moins que, dans le

(1) Circulaire du ministre de l'intérieur, 24 mars 1887, et circulaire du garde des sceaux, 20 oct. 1888.

mois à partir de sa majorité, il ne déclare renoncer au bénéfice de l'art 9. » Cet amendement fut repoussé, parce qu'on prétendit qu'il ne pouvait venir qu'avec un remaniement de l'art. 9.

Mais cette réforme répondait à une préoccupation trop grande, à un trop réel danger, pour ne pas être tentée de nouveau. Aussi en 1849, lors de la discussion de la loi sur la naturalisation, le projet fut-il repris sous une forme nouvelle. Deux députés, MM. Riché et Henri Didier, proposèrent d'introduire dans la loi la disposition suivante : « à l'expiration de l'année qui suivra l'époque de sa majorité, tout individu né en France et y résidant sera, de plein droit, considéré comme Français, à moins que, dans le cours de cette année, il n'ait renoncé par une déclaration formelle à réclamer la qualité de Français. » C'était un sûr moyen d'éviter les faux-fuyants, car on obligeait ainsi les intéressés à accomplir les obligations imposées par l'une ou par l'autre des nations dont ils pouvaient se réclamer. Cette proposition fut, elle aussi, repoussée, sous prétexte que la loi de 1849 n'avait trait qu'à la naturalisation.

Mais si ce projet fut écarté, on prit au contraire en considération une autre réforme qui était non moins urgente. Beaucoup d'étrangers, établis sur le sol français, soit par ignorance, soit par négligence, ne faisaient pas au moment de leur majorité la déclaration prescrite par l'art. 9. Mais ils se laissaient enrôler de bonne foi dans l'armée française, ou même s'engageaient volontairement, croyant ainsi avoir affirmé d'une façon suffisante leur volonté d'être Français. Or il arrivait que, par la suite, on leur refusait cette qualité de Français, qu'ils avaient ainsi méritée et cru obtenir en donnant à la France la preuve la plus efficace de leur attachement. On leur refusait cette qualité, parce qu'ils n'avaient pas rempli la formalité de la déclaration imposée par la loi, et qu'ils ne se trouvaient plus dans les délais pour le faire. Ainsi on tolérait sur le territoire des individus sans garantie morale, des êtres dangereux, et on refusait à des individus, négligents peut-être, mais sûrement fidèles, la récompense de leur dévouement. Pour remédier à cette situation, la loi de 1849 décida que tous les étrangers, qui auraient de bonne foi satisfait aux obligations militaires en France, pourraient devenir Français conformément à l'article 9, à quelque époque que ce fût. La question se trouva ainsi tranchée dans le sens de l'équité.

Quant au premier projet, qui avait été repoussé, il fut encore repris quelques années plus tard. Avant le vote de la loi du 7 février 1851, on proposa de déclarer Français purement et simplement « tout individu né en France d'un étranger, qui lui-même y est né, ou est décédé y résidant ». Ce projet était plus efficace que celui de 1849. D'ailleurs, il ne paraissait pas déraisonnable d'attribuer la qualité de Français à des individus dont les parents s'étaient

établis en France et y avaient élevé leur famille.
Ceux qui n'auraient pas voulu se laisser englober
ainsi n'auraient eu qu'un moyen de se soustraire à
la loi, celui de quitter le territoire. On serait arrivé
à fixer de cette façon la nationalité de toute une
catégorie d'individus. Mais ce projet, non plus que
ses précédents, ne fut pas pris en considération.

On arrive ainsi à la loi du 7 février 1851. Cette loi
s'inspire du dernier projet dont nous venons de parler ; mais elle n'en emprunte que l'idée, et se montre
beaucoup plus réservée. On ne s'occupe, dans la
loi de 1851, que des étrangers établis sur le sol
français à la deuxième génération ; on laisse de côté
la première génération, quel que fût le temps, d'ailleurs, depuis lequel les individus qui la composaient
avaient pu s'établir en France. La loi déclare Français tout enfant dont les auteurs sont eux-mêmes
nés en France. L'art 1er décide : « Est Français tout
individu né en France d'un étranger qui lui-même
y est né, à moins que, dans l'année qui suivra l'époque
de sa majorité, telle qu'elle est fixée par la loi française, il ne réclame la qualité d'étranger, par une
déclaration faite, soit devant l'autorité municipale
du lieu de sa résidence, soit devant les agents diplomatiques et consulaires accrédités en France par
le gouvernement étranger. »

Cette loi ne porta pas ; ses dispositions étaient
trop faciles à éluder. Beaucoup d'étrangers en effet,
tombant sous le coup de l'art 1er de la loi de 1851,

s'empressaient de déclarer qu'ils entendaient conserver la nationalité de leurs auteurs. Par suite, ils
ne pouvaient pas être considérés comme Français.
D'autre part ils ne devenaient pas pour cela étrangers, car ils ne faisaient rien pour obtenir la nationalité de leurs parents. Le danger était donc toujours
le même, et le remède de nul effet. On constate, en
effet, qu'à cette époque le nombre des étrangers
augmentait dans les départements frontières d'une
façon considérable. Dans le seul département du
Nord, le nombre de ces étrangers, qui était de 77.000
en 1861, atteignait le chiffre de 183.000 en 1866.

La situation resta la même jusqu'en 1874. A cette
époque, on imagina un autre moyen pour obliger
tous ces individus à se ranger réellement sous une
nationalité. Comme la déclaration prescrite par la
loi du 7 février 1851 ne suffisait pas, la loi du 16
décembre 1874 décida que tous les individus, admis
à faire cette déclaration, devraient en outre justifier
qu'ils avaient conservé leur nationalité d'origine. Et
pour ce faire ils seraient obligés de produire une
attestation en due forme de leur gouvernement,
laquelle demeurerait annexée à leur déclaration.
Faute d'accomplir ces formalité et justification, les
individus dont il s'agit seraient considérés comme
Français et astreints à toutes les obligations de la loi
française. Faisant même un pas de plus, dans le
but d'encourager ces étrangers à demander la nationalité française, la loi de 1874 établit, à ce point

de vue, une innovation considérable. Elle permit aux intéressés de renoncer pendant leur minorité, avec les autorisations nécessaires, à la faculté de se réclamer, à leur majorité, de leur qualité d'étrangers. On leur ouvrait ainsi l'accès des écoles. du gouvernement et de l'armée, qui leur avaient été fermées jusqu'à ce moment. « Désormais, porte la loi de 1874, les jeunes gens visés dans l'art. 1er de la loi de 1851 entreront dans l'armée, soit comme engagés volontaires, soit comme engagés condition- nels d'un an, et dans nos écoles du Gouvernement à la condition d'opter en minorité, de renoncer au droit d'abdiquer la nationalité française à leur majo- rité; mais comme cette abdication est chose grave, ils auront à justifier du consentement de leurs repré- sentants légaux. »

Ces lois de 1851 et 1874 semblent faire un retour en arrière. Elles portent atteinte au principe adopté, lors de la discussion du Code civil de 1804. Et une fois encore on voit se reproduire la lutte entre les deux principes du *jus sanguinis* et du *jus soli*. La législation flotte indécise entre les deux systèmes, se rejetant sur l'un pour atténuer les inconvénients de l'autre et sans pouvoir, en somme, obtenir un résul- tat satisfaisant. Frappé de ces lacunes et des contra- dictions qui en résultaient dans notre législation, M. Batbie déposa en 1882, sur le bureau du Sénat, un projet de loi, avec la pensée de coordonner toutes les dispositions éparses soit dans le Code civil, soit dans les lois postérieures. Son but était de faire une loi claire et précise, sur les conditions d'acquisition et de perte de la qualité de Français, et de corriger ainsi ce qu'il y avait d'obscur et de difficile dans la législation antérieure. Le projet de M. Batbie aboutit, après de longues discussions, à la loi du 26 juin 1889, qui a été elle-même modifiée et complétée en 1893.

C'est de ces deux lois, de 1889 et 1893, que nous aurons spécialement à nous occuper, en restreignant notre étude aux dispositions qu'elles contiennent sur la condition des enfants nés en France de parents étrangers.

III

Mais avant d'aborder l'étude de ces dispositions, il est bon d'indiquer tout d'abord ce que l'on doit entendre par « enfants nés en France de parents étrangers », et de déterminer par le fait même les individus qui tombent sous le coup de la loi.

Les enfants dont il s'agit doivent d'abord, aux termes mêmes de la loi, être nés en France. Quelques auteurs, prenant comme point de départ le droit romain et notre ancien droit, ont soutenu qu'il n'est pas nécessaire que l'enfant soit né, mais seulement qu'il soit conçu. Se plaçant dans l'hypothèse où l'enfant doit suivre la nationalité de son père, ce qui seia le plus fréquent, ces auteurs raisonnent de la manière suivante : Par rapport à son père l'enfant forme une personne distincte, un être à part, du jour de sa conception. Que le père vienne à disparaître avant la naissance de son fils, le sort de ce dernier n'en est pas moins fixé d'une façon certaine. Autrement qu'arriverait-il dans le cas où le père d'un enfant, conçu en mariage légitime, décéderait quelques jours après la conception? Quand l'enfant viendrait au monde, son père ne serait plus rien, n'aurait plus ni personnalité, ni nationalité, et il faudrait en conclure que cet enfant lui-même n'aurait pas non plus de nationalité. On ajoute encore que le mot *né*, employé par le Code civil, n'a pas été pris dans son sens ordinaire, et que l'idée du législateur était de donner à ce terme le sens de «issu», pour indiquer le lien de filiation qui unit un enfant à ses auteurs. Et on fait alors intervenir ici la règle « *infans conceptus pro nato habetur quoties de commodis ejus agitur* (1) ».

Cependant l'opinion la plus universellement acceptée est contraire à cette solution. Il faut bien remarquer en effet que la règle « *infans conceptus pro nato habetur quoties de commodis ejus agitur* » n'a été que très rarement admise par la loi française, et en vertu de textes précis (2). D'autre part, il est bien difficile de donner au mot « né » employé par le Code

(1) Richelot, I, p. 69, note 21.
(2) Fuzier-Hermann, *Code civil annoté*, art. 9, art. 5.

une autre signification que celle qu'il a habituellement. C'est ce qui résulte des motifs exposés à la
discussion au Conseil d'État. On peut en déduire que
les bénéfices concédés aux enfants d'étrangers nés
en France ne le sont qu'à ceux dont la « *naissance* »
même a eu lieu sur le sol français (1). Enfin, il reste
à examiner sur quels motifs est fondé l'art. 9 du Code
civil ; on peut les ramener à deux : 1° l'attachement
instinctif que la nature a mis dans le cœur de
l'homme, pour les lieux où il a vu le jour. Si la loi
a mis des conditions aux faveurs qu'elle accorde à
cette classe spéciale d'étrangers, c'est qu'elle a voulu
s'assurer que cet attachement pour la patrie natale
est réel ; 2° le second motif, c'est que le plus souvent
l'enfant, né en France d'un étranger, y sera resté
plus ou moins longtemps, y aura été élevé peut-être,
en aura appris la langue, les habitudes, les mœurs.
Dès lors il sera convenable et juste de lui rendre
plus facile l'acquisition de la nationalité française (2).
Ces deux motifs n'auraient plus leur raison d'être,
si on faisait participer aux avantages accordés par
la loi les enfants simplement conçus en France.

On a d'ailleurs fait observer, à l'appui de cette
seconde opinion, combien il serait difficile de constater le fait de la conception. « Dans le cas présent,
rien ne démontre que l'enfant ait été conçu en France,
et comme l'impossibilité physique de la conception

(1) Locré leg. II, pp. 34 à 38, n°s 394.
(2) Demolombe, I, n° 162.

en pays étranger n'est guère de nature à être établie d'une manière certaine, il est vraisemblable que le législateur n'a pas eu égard à la conception, mais bien à la naissance, aussi l'art. 9 dit-il, « *l'enfant né en France* (1). »

Par conséquent, en s'attachant au texte même de la loi aussi bien qu'aux principes, on est logiquement amené à conclure que le fait de la conception ne saurait être assimilé à la naissance, car il s'agit ici d'un droit pour l'enfant. Or quand un enfant a-t-il des droits ? à partir du moment de sa naissance, à condition qu'il naisse viable. Et la nationalité étant le plus précieux des droits, c'est à sa naissance seulement que l'enfant pourra avoir une patrie (2).

Au fait de la naissance, vient aussitôt s'ajouter une deuxième condition : il faut que cette naissance ait eu lieu en France. Aucune difficulté ne peut se présenter, lorsqu'il s'agit du territoire de la France continentale.

La règle est-elle la même, lorsque la naissance a eu lieu dans les colonies ? Pendant longtemps on a soutenu que la naissance, dans une colonie française, devait produire les mêmes effets que la naissance en France. On se basait, pour cela, sur les travaux préparatoires du Code civil de 1804, et sur l'assimilation que la loi de 1851 avait faite, du sol de la métropole et de celui des colonies (3). Depuis la

---

(1) Duranton, I, n° 130.
(2) Cogordan, *la Nationalité*, p. 26.
(3) Beudant, *Revue critique*, t. IX, 1856, p. 76, note 1.

promulgation de la loi de 1889, qui ne devait, il est vrai, s'appliquer aux colonies qu'en vertu d'un décret ultérieur, la plupart des auteurs avaient admis la même opinion (1). Cette loi de 1889 avait cependant déclaré, dans son article 2, que ses dispositions seraient applicables à l'Algérie et aux colonies de la Guadeloupe, la Martinique et la Réunion.

C'est en 1897 seulement qu'un décret du 7 février est venu réglementer l'application de la loi de 1889 aux autres colonies (2). Ce décret est divisé en trois titres. Le premier déclare applicables aux colonies les articles 7, 8, 9, 10, 12, 17, 18, 19, 20, 21 du Code civil, mais en faisant subir à plusieurs d'entre eux de graves modifications. C'est ainsi notamment que l'étranger né aux colonies d'un père qui y est lui-même né et celui qui joint à sa naissance, le fait d'y avoir son domicile à sa majorité ne sont plus Français de plein droit. L'art. 9 du code civil est lui-même remplacé par la disposition suivante, qui en fait en quelque sorte un article nouveau : « tout individu, né aux colonies d'un étranger et qui y réside, peut sur sa demande, formée dans l'année de sa majorité, être naturalisé par décret. »

---

(1) Rouard de Card, *la Nationalité française*, p. 63.— Le Sueur et Dreyfus, *la Nationalité*, p. 30. — Aubry et Rau, *Cours de droit civil français*, 5e édition, t. Ier, p. 358, note 35.

(2) Voir aussi un décret du 28 février 1899, réglant l'application à la Tunisie, de la loi du 26 juin 1889 et du décret du 7 février 1897. — *J. off.*, 3 mars 1899.

Le seul privilège dont jouisse l'étranger né aux colonies, c'est de pouvoir être naturalisé Français, dans des conditions plus faciles que les autres étrangers. Et encore, pour bénéficier de cette faveur, doit-il avoir atteint sa majorité, et faire sa demande dans l'année qui suit cette majorité (1).

La question est plus délicate lorsqu'il s'agit d'une naissance arrivée sur un territoire démembré de la France. Sous l'empire de la loi de 1851, on avait voulu refuser la qualité de Français à des individus nés en France, de parents qui étaient eux-mêmes nés sur des territoires démembrés. On se fondait sur un prétendu principe du droit des gens, en vertu duquel les traités portant cession de territoire étaient censés impliquer rétroactivité (2), de telle sorte que les habitants de ces pays devaient être considérés comme ayant toujours relevé de la domination de l'État, auquel était cédé le territoire. C'est principalement à l'occasion des démembrements dus aux traités de 1814, que cette règle a été invoquée. Mais il résulte de l'examen de la loi du 14 octobre 1814, que cette fiction de rétroactivité n'a pas été établie relativement aux territoires démembrés ; l'article 3 de cette loi dit en effet : « à l'égard des individus, nés et encore domiciliés dans les départements qui après avoir fait partie de la France en ont été

(1) Audinet (J. Clunet, 1897, pp. 23 et s.)
(2) Lettre du garde des sceaux au préfet de la Gironde. (Clunet, 1877, p. 101).

séparés par les derniers traités......» La Cour de cassation avait d'ailleurs écarté l'application de cette règle de la rétroactivité, dans un arrêt de principe du 7 décembre 1883 (1). Et les tribunaux suivirent son exemple.

Une question analogue peut se poser, lorsqu'il s'agit de la naissance sur les territoires annexés à la France ; elle doit être résolue de la même façon (2). Ce n'est que par exception que quelques traités spéciaux ont parfois accordé à des individus, qui ne se trouvaient pas dans les conditions requises, le droit de bénéficier des avantages faits aux étrangers nés en France. Dans cet ordre d'idées on peut citer le décret du 30 juin 1860 à la suite de l'annexion de la Savoie et de Nice à la France.

A la naissance sur le territoire de la France il faut encore assimiler la naissance sur un navire français. On considère comme partie intégrante de l'État les navires de toute catégorie qui se trouvent en *pleine mer ;* ils constituent, en quelque sorte, un prolongement du territoire. Par suite l'enfant né sur un navire français, en pleine mer, est considéré comme né en France. Si au contraire le navire se trouve dans les « *eaux territoriales* » d'un État, il faut

---

(1) *Gazette du palais,* 1884, 1, 38. — *Adde :* Rouen, 22 février 1884, *Gazette du Palais,* 1884, 1, 440.

(2) L'enfant né en France d'un père devenu momentanément Français par l'annexion de son pays à la France est enfant d'étranger, et a pu invoquer l'art. 9. — Lyon, 2 août 1827, Sirey 1828, 2, 88. — Grenoble, 18 février 1831. S. 1833, 2, 527.

distinguer entre les bâtiments de commerce et les vaisseaux de guerre. Les premiers sont regardés comme une dépendance du pays, dans les eaux duquel ils se trouvent, les autres au contraire conservent le bénéfice de l'exterritorialité, en quelque endroit qu'ils se trouvent. Aux navires de guerre il faut assimiler les navires postaux qui jouissent des mêmes immunités (1).

On peut enfin se demander si les hôtels affectés aux ambassades en France doivent être considérés comme territoire étranger ou comme sol français. Les ambassadeurs jouissent en dehors du pays qu'ils représentent du bénéfice de l'exterritorialité. Mais ce privilège n'est fait qu'en vue de protéger la personne des ambassadeurs, l'inviolabilité de leur domicile et de leurs archives. L'hôtel d'une ambassade ne doit donc pas être considéré comme territoire étranger, lorsqu'il s'agit de déterminer le lieu de la naissance d'un individu (2).

Enfin une troisième condition doit être remplie par l'enfant né en France d'étrangers, pour pouvoir profiter des dispositions de faveur de la loi, à son égard. Il faut qu'il soit bien réellement né de parents étrangers, et qu'il en fasse la preuve. Par étranger,

---

(1) Convention franço anglaise du 5 avril 1843, art. 7, franco italienne, 3 mars 1869, franco dominicaine, 9 sept. 1882. — Règlement postal des 18-20 nov. 1875, art. 14.

(2) Vincent et Pénaud, *Dict. du dr. int. priv.*, v° *Nationalité*, n° 123. — Cogordan, *la Nationalité*, p. 77. — Despagnet, *Précis de dr. int.*, p. 133.

on doit entendre ici, tout individu qui ne jouit pas
de la qualité de Français, sans qu'il y ait lieu de distinguer, s'il appartient ou non à une autre nationalité.
Les auteurs de l'enfant né en France seraient-ils
sans patrie, celui-ci ne devrait pas moins être considéré comme né de parents étrangers.

Notre étude va désormais porter sur la condition
qui est faite à ces enfants, par la loi française, au
point de vue de l'acquisition de notre nationalité.

Dans une première partie, nous nous occuperons
des différentes situations prévues par les articles 8.
(3° et 4°) et 9 du C. civil, tels que ces articles ont été
rédigés par les lois du 26 juin 1889 et du 22 juillet
1893.

Dans une deuxième partie, nous étudierons les formalités et la procédure, auxquelles sont soumises
les déclarations faites par ces individus, soit pour
acquérir, soit pour répudier la nationalité française.

Enfin nous examinerons quels sont les effets de
l'acquisition de la qualité de Français, en vertu de
ces articles 8 (3°-4°) et 9 du Code civil, par rapport à
l'intéressé et à sa famille.

CHAPITRE PREMIER

Des différentes situations dans lesquelles peuvent se trouver les individus nés en France de parents étrangers, quant à l'acquisition de la nationalité française.

SECTION PREMIÈRE

SITUATION DE L'INDIVIDU NÉ EN FRANCE DE PARENTS ÉTRANGERS DONT L'UN Y EST LUI-MÊME NÉ.

I

Nous avons indiqué déjà d'une façon rapide quelle situation avait été faite à ces individus, tant par le Code civil de 1804, que par les lois postérieures. Il est bon cependant de rappeler ici ces diverses dispositions législatives avant d'étudier l'art. 8-3° du Code civil dans la forme qui lui a été donnée en 1889, puis en 1893.

Sous l'empire du Code civil de 1804, les enfants nés en France de parents étrangers, qui y étaient eux-mêmes nés, étaient en tous points assimilés aux enfants simplement nés en France d'étrangers, eux-mêmes nés hors de notre territoire. Par suite, pour acquérir la nationalité française d'une manière définitive, il leur fallait souscrire la déclaration prescrite par l'art. 9, lorsqu'ils avaient atteint leur majorité. Il en résultait un inconvénient considérable qui se manifestait sous deux aspects bien différents.

Il arrivait, en effet, que beaucoup de ces individus soit par ignorance soit par négligence omettaient de faire cette déclaration. Et cela était assez naturel : Français de cœur, de sentiments et de mœurs, la plupart ne connaissant pas la loi, croyaient de bonne foi qu'ils n'avaient pas besoin de faire unedéclaration spéciale, pour être considérés comme Français. Il leur paraissait logique, qu'on dût les traiter comme tels, alors qu'ils manifestaient clairement leur attachement pour la France, en y fixant leur demeure et en se soumettant aux charges imposées à tous les nationaux.

Or, il arrivait ce fait, c'est que ces individus, de bonne foi, n'ayant pas satisfait à l'art. 9 et ayant dépassé l'âge fixé pour pouvoir se mettre en règle, se voyaient refuser la qualité de Français, qu'ils croyaient avoir. Il en résultait une situation injuste et regrettable.

Mais d'autre part, à côté de ces jeunes gens dévoués à la patrie française, il se formait une autre classe d'individus bien peu recommandables. Ceux-ci profitaient des dispositions de la loi pour la violer et se soustraire aux charges de toute nationalité. Se réclamant de leur qualité d'étrangers, au moment de leur majorité, ils n'en continuaient pas moins à rester en France, et formaient ainsi, toute une secte de gens sans patrie.

Une réforme s'imposait donc en cette matière. Elle fut tentée sans réussite en 1831 et en 1849. Ce n'est qu'avec la loi du 7 février 1851, que la situation fut modifiée. On prit, à cette époque, le contre-pied de la législation antérieure, et on déclara Français les enfants nés en France d'étrangers, à la deuxième génération. Toutefois, pour éviter de prendre une mesure trop absolue, on leur réserva le droit de répudier la nationalité française au moment de leur majorité. Cette loi n'atteignit pas son but, car en 1874, pour combattre les progrès toujours croissants de l' « heimathlosat », on fut obligé d'ajouter une nouvelle condition à la faculté de répudiation accordée par le législateur de 1851. La loi du 16 décembre 1874 imposa au déclarant l'obligation de justifier qu'il avait conservé sa nationalité étrangère.

Telle fut la situation, jusqu'en 1889. Le mal était toujours le même, malgré les mesures déjà prises. On reconnut, à cette époque, qu'il fallait absolument prendre, une décision plus énergique. La faculté de répudiation, accordée à ces individus, leur servait le plus souvent d'échappatoire, le législateur de 1889 n'hésita pas à la supprimer.

La loi du 26 juin 1889 créa une situation nouvelle.

De l'examen des travaux préparatoires, il résulte que le texte nouveau était dicté par des motifs d'ordre public que nous avons déjà signalés. En outre, comme le faisait remarquer M. Dubost, dans son premier rapport, il paraissait évident « que l'individu né en France est un Français au point de vue de l'esprit, des tendances, des habitudes, des mœurs, et qu'on a le droit de lui supposer un véritable attachement pour le pays où son père et lui même sont nés, où il a été élevé, où il a ses intérêts, ses relations, ses amitiés. Est-ce que ces individus continueraient à résider en France s'ils ne ressentaient pas tout cela à un haut degré? » (1) C'est en adoptant ces considérations, que la loi de 1889 transforma la législation précédente, et arriva à la rédaction de l'art. 8-3° ainsi conçu : « Est Français tout individu né en France d'un étranger qui y est lui-même né. »

On supprimait de cette façon toute équivoque ; désormais tous les enfants nés en France et dont les auteurs y étaient nés aussi, seraient Français au même titre que ceux dont les parents eux-mêmes avaient cette qualité. Ils se trouveraient donc soumis au service militaire, qu'ils ne pourraient plus éviter. Et s'ils voulaient abdiquer la qualité de Français, ils ne pourraient le faire que dans les mêmes conditions que l'enfant né de parents Français (2).

L'innovation introduite par la loi de 1889 consiste, spécialement, dans la suppression de la faculté de répudiation. C'est ce qu'expliquait nettement M. Du-

---

(1) Premier rapport de M. Dubost, p. 33.
(2) Audinet, Clunet, 1889, p. 199.

bost dans son rapport à la Chambre des députés :
« C'est en cela, disait-il, que consiste la différence
essentielle, fondamentale, entre la proposition de
loi adoptée par le Sénat et celle de votre commission. A mes yeux, *c'est toute la loi qui vous est soumise.* Elle sera pleinement utile et pleinement efficace, ou elle ne sera qu'une loi d'ordre secondaire,
présentant, il est vrai, les avantages d'une meilleure
coordination et quelques améliorations accessoires,
mais ne remédiant en rien à la situation périlleuse
que nous avons signalée, suivant qu'on adoptera ou
qu'on repoussera ces dispositions. » (1)

La Chambre et le Sénat adoptèrent cette manière
de voir, et il en est résulté le vote d'une disposition
qui constitue un retour pur et simple au principe du
Jus soli, écarté par le code civil. On revint ainsi à la
détermination de la nationalité par le lieu de la
naissance : le fait seul de la naissance en France,
pendant deux générations, emporte désormais pour
les individus de la deuxième génération la qualité
de Français.

Mais en présence du texte nouveau, se posa aussitôt
une question d'interprétation, qui a donné lieu à de
vives controverses. La loi disait simplement : « l'enfant né en France d'un *étranger qui lui-même y est
né.* » Que fallait-il entendre par ces mots « *d'un
étranger ?* » En présence de l'obscurité de ce texte,

---

(1) Rapport de M. Dubost à la Chambre des députés, session de
1887, n° 2083.

on se demandait s'il était nécessaire que les deux
auteurs de l'enfant fussent nés en France ; ou bien
s'il suffisait que l'un des deux seulement remplit
cette condition. L'opinion la plus généralement
admise, c'est qu'il suffisait de la naissance de l'un
des parents sur le sol français, sans qu'il y eut lieu
d'établir ici une prééminence entre le père et la
mère. « Il suffit, disent MM. Aubry et Rau, pour que
l'enfant, né en France, puisse invoquer ce bénéfice,
que l'un ou l'autre de ses parents y soit également né ;
« *genus masculinum complectitur et femineum* (1) ».

La jurisprudence avait consacré la même théorie
dans de nombreux arrêts (2).

Certains auteurs estimaient même, qu'il était
suffisant que les parents de l'enfant, ou l'un d'eux,
aient eu autrefois la qualité de Français, perdue par
la suite, pour que l'enfant put profiter de cette disposition (3).

Aujourd'hui encore, il peut arriver que la mère ait
eu la qualité de Française, qu'elle a perdue ensuite.
L'enfant né de cette mère pourrait-il invoquer

(1) Aubry et Rau, I, p. 240, § 70. — Mourlon, *Revue pratique*,
1852, 2, p. 256 — Baudry Lacantinerie, *Précis de droit civil*.
— Weiss, *Traité de droit internat. privé*, p. 50. —Despagnet,
p. 138.

(2) Notamment Cassation 7 déc. 1891, S. 1892 1, 81, avec note de
M. Pillet. — Cass. 12 avril 1892. — Clunet 1892, p 1170, rapprocher Vannes, 1er déc. 1892. — Nice 6 janvier 1893. — Clunet 1893,
p. 571.— Rennes 18 avril 1893, dans « le Droit », du 30 avril 1893.

(3) Demolombe, I, p 167. — De Folleville, *Traité de natura-
sation*, n° 211.

l'art. 8-3° ? Il semble qu'on puisse répondre non, en se basant sur la disposition de l'art. 10 du code civil, qui règle la condition des fils d'ex-Français. Cet article prend même soin de spécifier le cas de la naissance en France des fils d'ex-Français. On pourrait ajouter que l'art. 8-3° vise seulement les fils d'étrangers, et que le fils d'un ex-Français n'est pas, à proprement parler, un fils d'étranger. Cependant la jurisprudence a toujours été contraire à cette solution(1). Il y a en effet un puissant motif à décider ainsi. C'est qu'autrement on serait amené à traiter moins bien les enfants nés d'ex-Français, que les enfants de simples étrangers, ce qui n'est pas admissible.

On admettait aussi, qu'il n'y avait pas lieu d'établir de distinction suivant que c'était le père ou la mère qui étaient nés en France. Il n'y a pas lieu en effet, ici, de déterminer à laquelle de ces deux filiations l'enfant devra sa patrie, il n'y a qu'à constater un fait (2). Et on ne voit pas que le père doive avoir en cette matière, une prééminence sur la mère. On peut même dire que dans la plupart des cas, la raison est plus forte, pour attribuer la nationàlité française à l'enfant, quand c'est la mère qui est née en France. Car il s'agira presque toujours d'une mère née Française, et qui a perdu cette qualité par son mariage. Et en pareille hypothèse, l'enfant a déjà du sang français dans les veines.

(1) Voir notamment; Cass. 7 déc. 1883, — Clunet, 1884, p. 628.
(2) Weiss, p. 201.

Quoi qu'il en soit, la rédaction de l'art. 8-3° ne laissait pas que de présenter un caractère d'obscurité regrettable. Mais ce n'était pas là le seul défaut de la disposition nouvelle. En rompant d'une façon aussi nette avec le principe de la législation précédente, on devait forcément faire naître des inconvénients qui, d'ailleurs, ne tardèrent pas à se manifester dans la pratique. De nombreuses réclamations parvinrent au gouvernement français de la part des puissances étrangères, notamment de l'Angleterre. Elles faisaient remarquer qu'il était peu raisonnable d'attribuer la qualité de Français, sans faculté de répudiation, à des individus nés en France d'une façon accidentelle, et dont la mère y était née, alors que dans notre législation, « la personnalité du père est si exclusivement dominante et celle de la mère si effacée (1). » L'Angleterre prétendait en outre, à tort il est vrai, que les arrangements pris avec notre gouvernement quant au certificat exigé de celui qui veut décliner la qualité de Français, dans le cas de l'art. 8-4°, s'opposaient à l'application aux sujets Britanniques des dispositions de l'art. 8 § 3; car ce certificat suppose seulement que le père du réclamant est né hors de France; il n'y est pas question de la mère. On ne pouvait, sans violer l'accord intervenu, exiger qu'elle fût aussi née hors du territoire français (2).

(1) *Journ. officiel.* — Chambre des députés 1893, rapport de M. Eugène Mir., *doc. parl.*, p. 446.

(2) Campistron, *Commentaire des lois de 1889 et 1893 sur la nationalité*, p. 29.

Ces réclamations étaient d'ailleurs fondées dans le plus grand nombre des cas. Car si le fait de la double naissance en France de deux personnes appartenant à deux générations successives est le plus souvent la preuve d'un établissement durable en France, il peut arriver aussi qu'il soit simplement dû au hasard. Il se peut très bien que ces deux naissances se soient produites au cours d'un voyage en France, et on comprend que, dans ces circonstances, l'enfant ainsi déclaré Français n'ait pas pour la France des sentiments d'affection bien profonds (1).

Chose notable, parmi les nombreuses réclamations provoquées par l'art. 8-3°, aucune ne se rapportait à des personnes, dont le père était né en France. Toutes provenaient d'individus dont la mère était née sur notre sol. Ce n'est pas à dire pourtant que le même inconvénient n'existât pas dans les deux cas.

C'est ce que signalait M. Thézard dans son rapport au Sénat : « Toutefois, disait-il, s'il n'y a pas eu de réclamations, il nous a été signalé des faits assez suggestifs à cet égard. Un personnage étranger considérable qui accidentellement, était né en France, était venu passer une saison dans une de nos stations balnéaires, avec sa femme qui était enceinte. On attendait là, tranquillement, la naissance de l'enfant, quand tout à coup on s'avisa que si l'enfant naissait en France, il serait Français, sans possibilité de répudiation. Le mari s'empressa de faire repasser la

(1) Beudant, *Revue critique,* 1856, t. IX, p. 84.

frontière à sa femme. Un autre, dans un cas semblable, dut renoncer à faire venir à Paris sa femme, qui aurait désiré avoir, pour sa grossesse et son accouchement, l'assistance de nos sommités médicales.

« Nous sera-t-il permis de rappeler, que grâce à une particularité de ce genre, la Touraine a ravi à la ville de Rennes l'honneur de voir naître le grand Descartes. Le père du philosophe était conseiller au titre français, dans le parlement mi-parti de Bretagne, et ne pouvait être remplacé que par un Français. S'apercevant que sa femme promettait de lui donner un héritier, le prudent conseiller l'envoya faire ses couches en terre française et non bretonne, afin que l'enfant, un jour, fût apte à obtenir la survivance de sa charge. » (1)

En présence de l'obscurité et des difficultés pratiques d'application de l'art. 8-3° dans sa rédaction de 1889, une réforme législative s'imposait. La nécessité s'en fit sentir presque au lendemain de la mise en vigueur de la loi de 1889, et il fallut aussitôt se mettre en devoir de chercher un remède à la situation. La loi de 1889, en voulant supprimer d'une façon absolue les inconvénients et les dangers qui résultaient de la législation antérieure, en avait créé d'autres, tout aussi considérables.

Le moyen le plus simple de réparer le mal était de revenir tout simplement au système qu'on avait voulu supprimer, et de ne déclarer Français les indi-

(1) Rapport de M. Thézard au Sénat. Session de 1893, numéro 236.

vidus nés en France de parents étrangers qui y étaient
eux-mêmes nés, que sauf faculté de répudiation.
Cependant, pour ne pas perdre absolument tous
les bénéfices qui pouvaient résulter de la loi de 1889,
et d'autre part se basant sur le caractère des réclamations qui s'étaient produites, le législateur de 1893
pensa qu'il était bon de conserver en partie la disposition de l'art. 8-3°. Comme il ne s'était pas produit
de réclamations de la part des individus dont le
père était né en France, on estima que, pour eux,
il n'y avait aucun inconvénient à laisser la loi telle
qu'elle était. Aussi la réforme de la loi de 1893
porte-t-elle uniquement sur le cas où c'est la mère
qui est née en France. De là, la rédaction de
l'art. 8-3°, dans sa forme actuelle : « Est Français, tout
individu né en France de parents étrangers, dont l'un
y est lui même né ; sauf la faculté pour lui, si c'est
la mère qui est née en France, de décliner, dans
l'année qui suivra sa majorité, la qualité de Français,
en se conformant aux dispositions du § 4 ci-après. »
    La loi de 1893 a ainsi réalisé un double progrès.
Elle a fait disparaître tout d'abord la difficulté d'interprétation qu'avait soulevée la loi de 1889. Elle con-
sacre en effet d'une façon définitive l'interprétation
la plus générale, qui avait été donnée de l'art. 8-3°,
en décidant que la naissance de l'un ou de l'autre
des auteurs de l'enfant sur le sol français est suffisante. D'autre part, elle donne satisfaction aux réclamations qui s'étaient produites, et qui d'ailleurs

étaient bien fondées. C'est ce qui peut justifier, jusqu'à un certain point, la distinction qu'elle établit
dans la condition des enfants nés en France, suivant
que le père ou la mère y sont eux-mêmes nés. Lorsque c'est le père qui est né sur le sol Français, l'enfant est déclaré Français sans pouvoir répudier cette
qualité : Il arrive en effet le plus souvent, que dans
ce cas, le père est établi définitivement en France,
et les faits démontrent qu'il y a peu d'inconvénients
à décider ainsi. D'ailleurs certaines conventions
internationales admettent l'effet de la double naissance du père et du fils, sur le territoire Français.
C'est ainsi que la convention Franco-Belge du 30
juillet 1891 décide dans son art. 4 : « les jeunes gens
nés en France de parents belges, qui eux-mêmes y
y sont nés, ne seront pas appelés au service militaire
en Belgique. »

Toutefois la dernière rédaction de l'art. 8-3° n'est
pas absolument à l'abri de la critique. On peut se
demander si le législateur de 1893 a été bien inspiré
en faisant un retour pur et simple à l'ancien système.
La loi de 1889 en prenant une mesure trop radicale
avait dépassé le but : elle arrivait, dans de nombreux
cas, à faire des individus Français malgré eux. Le
même inconvénient peut encore se présenter avec la
loi actuelle. Il est vrai que ces cas seront beaucoup
plus rares. Il est vrai aussi qu'il ne s'était pas produit de réclamations de la part d'individus dont le
père était né en France, mais le passage du rapport

de M. Thézard, que nous avons cité plus haut, montre bien quelles situations difficiles peuvent se présenter dans les faits. En outre, bien qu'on puisse justifier, dans une certaine mesure, la distinction établie entre la naissance du père en France et la naissance de la mère, on ne s'explique pas suffisamment cette différence dans les solutions de la loi. A notre avis, il eût été plus équitable d'établir une situation semblable dans les deux cas, et de donner aux enfants ainsi nés en France les mêmes droits. Cette idée fut même soutenue, lors des travaux préparatoires de la loi de 1893, elle n'aboutit pas ; on avait eu tellement à souffrir des inconvénients de ce système jusqu'alors, qu'on redoutait d'y retomber encore.

Mais on aurait pu, au lieu de revenir simplement au passé, prendre un autre mode de détermination de la nationalité, à la suite de deux naissances successives sur le sol français. Notre loi a le tort de ne tenir compte, en cela, que du fait seul de ces deux naissances. Il peut en résulter des conséquences bizarres. Une femme, par exemple, qui est née en France, se marie avec un étranger. Elle quitte notre pays, puis voilà qu'au cours d'un voyage en France, elle met au monde un enfant. Cet enfant va se trouver Français. Et cependant il n'appartient certes pas à la catégorie de ceux que visaient les lois de 1889 et de 1893. C'est là une conséquence qu'il aurait fallu éviter. On a fait remarquer, il est vrai, au cours de la discussion de cette dernière loi (1), que le mal n'était pas bien grand puisque cet enfant pourrait, à sa majorité, répudier la qualité de Français. Mais ce droit de répudiation ne semble pas suffisant. Il aurait fallu, si on voulait s'en tenir au fait des deux naissances pour déterminer la nationalité de l'enfant, exiger en outre des parents leur établissement en France dans cet intervalle ; ou tout au moins fixer une durée minima, pendant laquelle ils auraient dû rester en France, dix ou quinze ans, par exemple. De cette manière on aurait eu une preuve à peu près certaine, de l'attachement de ces individus à notre pays. Ils auraient témoigné ainsi de l'idée bien arrêtée de s'établir en France. Ces solutions qui se retrouvent dans certaines législations étrangères, (notamment code civil italien art, 4. 6. 7. et 8.) semblent préférables à notre législation (2).

II

Les dispositions que nous venons d'étudier s'appliquent spécialement aux enfants légitimes. Et dans un troisième alinéa, l'art 8-3ᵉ pose la même règle pour les enfants naturels : « L'enfant naturel pourra, aux mêmes conditions que l'enfant légitime, décliner la qualité de Français, quand le parent qui est né en

(1) Rapport de M. Thézard, précité.
(2) Surville, dans *Journal de droit international privé*, 1893, p. 679.

France, n'est pas celui dont il devrait aux termes du § 1er, 2e alinéa, suivre la nationalité. »

C'est toujours l'application du même système ; l'enfant naturel sera forcément Français, si celui de ses auteurs, qui l'a reconnu le premier est né en France ; si au contraire, c'est le parent qui l'a reconnu le second, qui est né en France, il sera Français sauf faculté de répudiation. Cette distinction se rattache à celle que la loi de 1889 avait faite dans son article 8, et qui d'ailleurs subsiste dans l'art 8 actuel du code civil. Aux termes de cet article § 1er 2° alinéa « l'enfant naturel qui vient d'être reconnu, doit suivre la nationalité de celui de ses auteurs vis à vis duquel sa filiation a d'abord été établie. » Il était logique, a dit M. Thézard, de s'inspirer de cette solution, dès lors qu'il y avait à faire une différence, suivant que l'un ou l'autre des parents serait né en France. Et dans son rapport à la Chambre des députés, M. Mir donnait de ce texte l'explication suivante : « quand l'enfant aura été reconnu d'abord par celui de ses parents qui est né en France, que ce soit le père ou que ce soit la mère, celui-ci sera Français d'une manière ferme, sans qu'il puisse répudier cette qualité. Il en sera de même quand les parents ayant reconnu l'enfant, dans le même acte, c'est le père qui sera né en France ; c'est l'application pure et simple de la loi de 1889. (1)

(1) Il faut remarquer que lorsqu'il s'agit de l'enfant naturel, la naissance sur le sol français, de la mère, a autant d'influence qu'en

« Dans les cas suivants, au contraire, l'enfant sera Français, mais il pourra répudier cette qualité à sa majorité : 1° quand le père, étranger né hors de France et la mère née en France reconnaissent tous deux l'enfant par le même acte, ou que le père le reconnaît d'abord et la mère ensuite ; 2° quand la mère, étrangère qui n'est pas née en France, reconnaît l'enfant la première et que le père né en France le reconnait ensuite. » (1)

Telles sont les dispositions de l'art. 8 § 3. Elles s'appliquent d'une manière générale aux enfants légitimes et aux enfants naturels. Elles les atteignent tous indistinctement, que leur naissance en France soit le résultat du hasard ou d'un établissement de leurs parents sur notre territoire.

Cependant une exception est à signaler dans cet ordre d'idées, qui sans être écrite dans la loi, est généralement admise. Elle concerne les enfants qui ne sont nés sur notre territoire que parce que leur père était obligé d'y résider, pour l'exercice de fonctions diplomatiques conférées par un gouvernement étranger. Le législateur n'a pas cru devoir, comme le demandait le garde des sceaux, formuler

à celle du père, dans un cas, celui où l'auteur de la seconde reconnaissance est né en France. La naissance de la mère naturelle sur le sol français peut avoir aussi une influence irrévocable sur la nationalité de l'enfant, dans le cas où elle est l'auteur de la première reconnaissance; la naissance de la mère légitime, en France, n'a jamais une influence de cette nature.

(1) *Journal officiel*, Sénat 1889, rapport de M. Delsol, *doc. parl.*, p. 233.

cette exception dans une disposition additionnelle
à l'alinéa 3 de l'art. 8. Mais elle a été expressément
consacrée dans les travaux préparatoires (1), et il
en résulte qu'elle était parfaitement admise en
principe. Elle est d'ailleurs l'application d'une
règle d'équité. Il serait injuste de déclarer Français des enfants qui sont nés en France uniquement
parce que leurs parents sont obligés d'y résider.
Ce serait aller contre l'esprit même de la loi, car
il est évident que le fait de leur résidence en France
est loin de dénoter chez eux un attachement réel
pour la patrie française.

Aussi il est logique de conserver à ces enfants la
qualité de leurs parents, tout en leur laissant la faculté de bénéficier du fait de leur naissance, si par
hasard ils ressentaient plus tard de l'inclination
pour notre nationalité. Certaines conventions diplomatiques ont même consacré ce principe. On peut
citer à ce sujet l'art. 5 de la convention franco-
belge du 30 juillet 1891 : « Les enfants d'agents diplomatiques ou de consuls envoyés, conservent la
nationalité de leurs parents à moins qu'ils ne réclament les bénéfices des lois des pays où ils sont nés. »

— Il nous reste à parler au sujet de l'art. 8-3°,

---

(1) Il peut paraître étonnant qu'on permette à l'enfant de décliner
la nationalité française, si c'est celui de ses parents, l'ayant reconnu
le dernier, qui est né en France alors qu'on ne le lui permet pas, si
c'est le parent, qui le premier l'a reconnu. Il aurait mieux valu
accorder, dans tous les cas, une influence irrévocable au fait de la
double naissance, ou accorder dans tous les cas, à l'enfant naturel,
la faculté de répudiation.

d'une question transitoire, soulevée à propos de l'application de la loi de 1889. La qualité de Français, attribuée d'une manière irrévocable, n'a-t-elle été conférée qu'aux individus nés postérieurement à la promulgation de cette loi ? ou bien au contraire, fallait-il considérer comme Français tous ceux qui se trouvaient dans les conditions prévues, à ce moment-là ? On a soutenu qu'il ne fallait considérer comme irrévocablement Français que les enfants nés en France après la publication de la loi de 1889. La jurisprudence en effet a décidé qu'à l'égard des enfants majeurs à ce moment, on ne pouvait leur appliquer cette loi. Un jugement du tribunal de Lille du 1er mai 1890 établit que ces individus, majeurs, avaient un droit acquis, auquel on ne pouvait porter atteinte (1). Partant de cette idée, on a soutenu alors que la même règle devait s'appliquer aussi aux enfants mineurs, au moment de la promulgation de la loi. Décider autrement, ce serait porter atteinte au principe de la non-rétroactivité des lois, et violer un droit acquis. Car, ces enfants avaient déjà un droit acquis, disait-on : le législateur, seul, ne pouvait pas modifier leur état sans le concours de leur volonté. Leurs parents n'avaient pas pu avoir l'intention formelle de faire des Français de leurs enfants puisque ceux-ci n'étaient Français que sous condition résolutoire, en vertu de la législation en vigueur au moment de leur naissance. On s'exposait donc à por-

(1) Lille, 1er mai 1890. — Clunet 1892, p. 509.

ter atteinte à leurs intentions, en les déclarant Français définitivement. Il résultait de ce système, que le champ d'application de la loi de 1889 aurait dû se restreindre aux seuls enfants nés en France de parents qui y étaient eux-mêmes nés, après la mise en vigueur de la loi (1).

Mais cette opinion n'a prévalu, ni en doctrine, ni en jurisprudence. La plupart des auteurs estiment au contraire que la loi devait s'appliquer à tous les enfants mineurs, au moment de sa mise en vigueur (2). On ne reconnaît de droit acquis, qu'aux individus majeurs à cette époque. Eux seuls pouvaient se prévaloir des dispositions législatives antérieures, s'ils avaient fait la déclaration prescrite, ou s'ils étaient encore dans les délais pour la faire. Certains arrêts avaient cependant décidé que la faculté de réclamer ou de répudier la nationalité française ne pouvait constituer un droit acquis, qu'autant qu'il en avait été fait usage (3). Mais cette manière de voir ne fut pas suivie dans la suite. Et on considéra, comme droit acquis, le fait pour un individu de s'être trouvé dans les conditions voulues pour faire la déclaration, au moment de la loi de 1889. La jurisprudence d'accord avec la doctrine, a refusé à l'enfant mineur le droit de se soustraire à la loi de 1889 (4).

(1) Esperson, Clunet 1894, p. 26.
(2) Le Sueur et Dreyfus, p. 58. — Chausse dans *la Revue critique*, 1890, p. 387. 1891, p. 209. — Stemler. — Clunet, 1890, p. 392 — Weiss, p. 209. — Campistron, p. 149.
(3) Cass. 5 juin 1893, S. 93, 1, 289.
(4) Pau, 22 juin 1892, — Clunet, 1892, p. 997. — Bordeaux, 11.

En résumé, l'individu, mineur au moment de la promulgation de la loi de 1889, ne pouvait plus exercer le droit d'option conféré par la loi de 1874 (1). Si, majeur à ce moment, il avait déjà réclamé la qualité d'étranger, cette qualité lui demeurait acquise. Enfin si étant majeur, il se trouvait dans les délais pour réclamer la qualité d'étranger, il pouvait profiter des dispositions de la loi ancienne (2).

La loi de 1893 pour éviter ces difficultés a eu soin de prendre une disposition transitoire. La faculté de répudier la qualité de Français, accordée dans certains cas par la loi du 22 juillet 1893, à l'individu né en France d'un étranger qui lui-même y est né, peut-être réclamée par celui qui était encore mineur au moment de sa promulgation.

Celui qui était majeur à cette époque avait un délai d'une année pour s'en prévaloir, en vertu de

juillet 1892, Clunet, 1893, p. 565. — Vannes, 1er déc. 1892, Clunet, 1892, p. 568. — Rennes 28 avril 1893, Clunet, 1893, pp. 1186 et 1188.

(1) Merlin, répert. v. *Effet rétroactif*, — Demolombe, t. I, n° 45. — Aubry et Rau, t. I, p. 63, n° 20 et p. 67. — Les lois d'ordre public et d'intérêt général, notamment celles qui régissent la nationalité, saisissent les intéressés, au moment de leur promulgation. — Fuzier-Hermann, *Code civil annoté*, article 2, n° 72.

(2) L'individu né en France de parents étrangers, et devenu majeur avant la promulgation de la loi de 1889, est étranger, s'il n'a pas réclamé la qualité de Français dans l'année de sa majorité, l'opinion du public, qu'un tel individu était Français, son inscription dans l'armée territoriale et sur les listes électorales, les certificats des maires, lui donnant dans ces circonstances, la qualité de Français, ne sauraient avoir pour résultat de lui attribuer effectivement ladite qualité. (Alger, 7 mars 1898, Clunet 1899, p. 103).

la disposition transitoire de la loi de 1893, contenue dans son article 2 : « Les individus auxquels l'art. 8-3° modifié, réserve la faculté de réclamer la qualité d'étrangers, et qui auront atteint leur majorité à l'époque de la promulgation de la présente loi pourront réclamer cette qualité, en remplissant les conditions prescrites, dans le délai d'un an à partir de cette promulgation. »

SECTION II

CAS OU L'ENFANT NÉ EN FRANCE D'UN ÉTRANGER QUI N'Y EST PAS LUI-MÊME NÉ, Y EST DOMICILIÉ AU MOMENT DE SA MAJORITÉ

I

Nous avons vu dans quels cas le législateur a cru devoir attacher la qualité de Français au seul fait de la naissance en France. C'est seulement à la deuxième génération, et lorsque le père de l'individu, né sur notre territoire, y est lui-même né, que cet individu est Français définitivement. Au contraire, lorsque les parents sont nés à l'étranger, la naissance de l'enfant en France ne constitue plus, à elle seule, un titre suffisant, pour l'obtention de la qualité de national Français. La loi exige une autre condition, le domicile. Cette situation est prévue et réglée par l'art. 8-4° du code civil : « Est Français tout individu né en France d'un étranger et qui à l'époque de sa majorité est domicilié en France, à moins que dans

l'année qui suit sa majorité, telle qu'elle est réglée
par la loi française, il n'ait décliné la qualité de Français et prouvé qu'il a conservé la nationalité de ses
parents, par une attestation en dûe forme de son
gouvernement, laquelle demeurera annexée à la déclaration, et qu'il n'ait en outre produit, s'il y a lieu,
un certificat constatant qu'il a répondu à l'appel
sous les drapeaux, conformément à la loi militaire de
son pays, sauf les exceptions prévues aux traités. »

Cette disposition a son origine dans les lois du 7
février 1851 et du 16 décembre 1874. Ces deux lois
avaient appliqué le même principe aux individus
dont les parents étaient eux-mêmes nés en France.
Et au début, la proposition de loi de M. Batbie ne
faisait que reproduire ces dispositions. Mais on fit
observer, dans l'exposé des motifs, qu'il était inutile
d'attendre la deuxième génération d'étrangers en
France, pour les soumettre à cette règle, et qu'il valait mieux s'occuper de la première : « Des juris-
consultes ont demandé pourquoi nous attendons la
deuxième génération ; à leur avis on devrait faire,
pour la première génération, ce qu'on a décidé de
faire pour la deuxième ; ils proposent donc de dire
que tout individu né en France de parents étrangers
est Français (1). »

Les lois de 1851 et 1874 avaient établi une certaine distinction, il est vrai, entre les enfants d'é-
trangers, nés en France, suivant que leurs auteurs

(1) Sénat, Session ordinaire, 1882, n° 156.

étaient eux-mêmes nés en France ou à l'étranger. Tous étaient considérés comme Français, mais sous des conditions différentes. Tandis que dans le cas où il y avait eu double naissance en France, ces individus étaient obligés, à leur majorité, de répudier expressément la qualité de Français, s'ils voulaient rester étrangers ; dans le cas, au contraire, où les parents étaient nés à l'étranger, il devaient, pour devenir Français, faire une déclaration dans le courant de leur vingt-deuxième année.

La loi de 1889 a conservé la distinction ainsi établie, mais en l'accentuant davantage encore ; et elle a créé deux catégories d'étrangers nés en France. Nous savons dans quels termes la loi de 1893 a atténué les dispositions de sa devancière, en ce qui concerne les enfants d'étrangers à la deuxième génération, et quels sont les individus déclarés Français définitivement, en raison de leur naissance sur notre territoire.

Les mêmes motifs n'existaient plus, ou du moins n'existaient que d'une façon très atténuée, pour faire déclarer français, les enfants nés en France, d'étrangers nés à l'étranger. On craignait, en leur attribuant cette qualité, de faire des Français malgré eux. Il n'y avait plus là cette marque d'attachement, résultant d'un établissement de longue durée, comme dans le cas précédent, et dans la plupart des cas, le fait de la naissance en France n'était qu'accidentel. Cependant il arrivait quelquefois que certains de ces enfants, ainsi nés en France, s'y trouvaient ensuite élevés, et que leurs parents s'y fixaient, soit avant soit après leur naissance. Il y avait alors lieu de tenir compte de cet établissement, et de présumer chez ces enfants l'intention de devenir Français.

D'autre part, le législateur de 1889 avait à se préoccuper de prendre une mesure efficace de protection, pour les jeunes gens français, à l'encontre des étrangers résidant en France. Avec le système de la législation précédente, il arrivait fréquemment que les individus déclarés Français, sauf faculté de répudiation, s'empressaient d'exercer cette répudiation, et qu'au contraire, ceux qui pouvaient acquérir la nationalité française par une déclaration, à leur majorité, s'abstenaient de la faire. Mais ils n'en restaient pas moins en France, continuant à exercer leur industrie. Or les jeunes gens français, employés dans les mêmes manufactures et les mêmes ateliers que les étrangers, étaient obligés d'interrompre le cours de leur travail, pour satisfaire à la loi militaire. Pendant ce temps les places devenus vacantes, de contre-maîtres ou d'ouvriers, étaient accaparées par ces individus, qui se trouvaient ainsi favorisés au détriment des Français (1).

Il fallait donc trouver un moyen de soumettre ces personnes aux charges imposées par un État, de l'hospitalité duquel ils usaient si largement. Les déclarer tous Français eut été dangereux, par suite,

(1) Rapport de M. Delsol au Sénat, 3 juin 1889.

on chercha un criterium permettant de reconnaître
parmi eux, ceux qui désiraient véritablement être
et rester Français (1). La preuve la plus évidente
d'attachement à la France parut tout d'abord se
trouver dans le fait d'un établissement prolongé.
Partant de cette idée, la commission de la Chambre
avait proposé une rédaction de l'art 8-4° ainsi
conçue : « Est Français tout individu né en France
d'un étranger qui, au moment de l'appel sous les
drapeaux, ou dans l'année qui suit la majorité de son
enfant y est établi depuis vingt ans au moins, à moins
qu'au moment de son incorporation sous l'armée ou
de sa majorité il n'ait décliné la qualité de Français,
et prouvé qu'il a conservé la nationalité de ses
parents.... »

Cette disposition qui semble empruntée au code
civil italien pouvait en effet offrir des garanties
sérieuses. Elle était d'ailleurs fondée sur les mêmes
motifs, qui avaient déterminé le législateur de 1889,
à déclarer Français, l'enfant né en France et dont les
parents y étaient nés aussi. Mais il pouvait en résulter des difficultés, dans la pratique. Pour établir
d'une façon certaine, la durée du séjour en France
des individus ainsi visés, il aurait fallu se livrer à une
enquête, qui eût été souvent longue, et quelquefois
difficile. De plus une question se posait aussitôt, sur
le point de savoir comment on devait envisager ce
séjour en France. Faudrait-il exiger un établissement

(1) Le Sueur et Dreyfus, la *Nationalité*, pp. 158 et s.

continu, sans interruption ? ou bien devrait-on tenir compte des intermittences qui auraient pu se produire? Il y avait là. une source de complications fort. nombreuses et, par suite, d'erreurs.

Aussi cette proposition fut-elle laissée de côté. Cependant elle fut la base de la rédaction nouvelle de l'art. 8-4° ; on y retrouve en effet, la même idée exprimée en des termes différents ; on considéra que ces enfants nés en France, de parents qui étaient nés en pays étranger, n'auraient d'attachement pour la France, qu'autant qu'ils y auraient habité. Et on arriva à prendre comme criterium de cet attachement présumé, le domicile de l'intéressé. Pour ne pas compliquer les moyens de preuve à ce sujet, et pour éviter ainsi les difficultés que présentait le premier projet, on décida de n'envisager le domicile qu'au moment de la majorité. Il y a beaucoup de chances, pour que l'individu domicilié en France à ce moment là, y ait habité pendant sa minorité. C'est le motif qui fut développé par M. Delsol, dans son rapport au Sénat du 3 juin 1889. « L'enfant qui réunit cette double condition, dit-il, d'être né en France et d'y être domicilié à l'époque de sa majorité, qui par conséquent doit être présumé l'avoir habitée, pendant sa minorité, peut-être à juste titre considéré comme lui étant attaché par des liens puissants. La France est son pays natal, il y a été élevé, il ne connaît point d'autre patrie (1). » En

(1) *Journal officiel* 1889, Sénat annexes, n° 160, p. 233.

déclarant ainsi Français ces individus, on arrivait
au résultat cherché : on les obligeait à avoir une
nationalité, à en supporter les charges. (1) D'ailleurs, ils ne pouvaient pas se plaindre de la situation qui leur était faite ainsi, puisqu'ils conservaient
la faculté de répudier la nationalité française, à la
condition de prouver qu'ils avaient conservé leur
nationalité d'origine.

C'est en présence de ces considérations que l'on
adopta définitivement la rédaction de l'art. 8-4°,
dans les termes où elle existe encore aujourd'hui ;
car la loi de 1893, n'y a pas apporté de changement.
Est donc Français tout individu né en France de
de parents étrangers et qui est domicilié en France
à sa majorité, à moins qu'il ne déclare vouloir conserver la nationalité de ses auteurs.

Le but poursuivi par la loi est d'empêcher que
des étrangers puissent se créer une possession paisible de la qualité de Français, sans satisfaire aux
obligations qu'elle impose, et particulièrement au
service militaire (2). Il semble bien que le résultat
ait répondu aux espérances, puisque le législateur
de 1893, qui a apporté plusieurs modifications
importantes à la loi de 1889, dans ce qu'elle présentait de défectueux, n'a pas touché à la disposition
qui nous occupe. D'ailleurs, les statistiques dressées

(1) D'après le dénombrement de la population fait en 1886, il y
avait en France, 1.115.214 étrangers, le département du Nord, en
comptait à lui seul 305.524.

(2) Surville, *Journal droit int. privé*, 1893, p. 173 et s.

peu de temps après la mise en vigueur de la loi nouvelle, font foi de la réussite. (1)

II

Deux conditions sont donc nécessaires, pour être déclaré Français, aux termes de l'art. 8-4°, Il faut : 1° être né en France de parents étrangers nés à l'étranger ; 2° être domicilié en France au moment de la majorité.

La première de ces conditions nous est suffisamment connue, et nous savons comment il convient d'en interpréter les termes. Il nous reste donc à nous occuper de la condition de domicile, imposée dans notre cas aux fils d'étrangers.

Faut-il prendre ici le mot domicile dans son sens propre et exiger de ces jeunes gens, qu'ils soient véritablement domiciliés en France à leur majorité ? c'est à dire, qu'ils y aient leur domicile dans les conditions exigées par le Code civil ? Il semble bien que non ; et c'est l'opinion de la majorité des au-

(1) L'enregistrement à la Chancellerie des déclarations faites devant les juges de paix pour acquérir ou répudier la nationalité française, dans les cas spéciaux prévus par la loi, a donné les résultats suivants pour 1890 : — 3131 individus ont acquis de cette façon la nationalité française ; les Belges (1586) et les Italiens (633) présentent les chiffres les plus élevés ; — 486 individus seulement ont répudié la nationalité française, pour reprendre celle de leurs parents. (Rapport adressé au ministre de la justice en 1891 sur l'application de la loi de 1889. — Clunet 1891, p. 351).

leurs (1). C'est aussi ce qui résulte des travaux préparatoires de la loi ; on doit considérer, comme domiciliés en France, tous les jeunes gens qui y sont établis d'une manière permanente. « Il y a bien, dit le rapporteur de la commission, M. Dubost, juridiquement une différence entre la résidence et le domicile... Mais le domicile, tel qu'il est prévu à notre article 8, doit être entendu *lato sensu*. Il s'agit, évidemment, de déclarer Français, les individus, qui nés en France, *habitent* encore notre pays, à leur majorité ; la résidence permanente équivaut ici au domicile (2). »

Il faut donc considérer comme domiciliés en France, les jeunes gens, qui auront en France une résidence effective au moment de leur majorité. Il en serait ainsi, alors même que leur famille aurait cessé d'y résider et se serait retirée en pays étranger. Cette solution serait inadmissible, si l'on entendait le mot domicile « stricto sensu », car le mineur ne peut avoir qu'un domicile de dépendance. Par suite, celui qui résiderait en France, mais dont les parents seraient domiciliés à l'étranger, se trouverait lui aussi, domicilié à l'étranger. Dès lors on ne comprendrait pas que la loi, ayant pour but de faciliter l'acquisition de notre nationalité aux individus dont il s'agit, vienne leur imposer une condi-

---

(1) Le Sueur et Dreyfus, p. 166. — Vincent et Pénaud, *Dict. droit int.*, au mot domicile, n⁰s 15 et 18.

(2) Deuxième rapport suppl. de M. Dubost, ch. des députés, session de 1889, n⁰ 3560.

tion semblable. Jusqu'au moment de leur majorité, en effet, ces enfants auraient le même domicile que leurs parents ; c'est à ce moment précis seulement, qu'ils pourraient avoir un domicile propre. Ce n'est pas là ce qu'a voulu dire la loi ; en parlant du domicile à la majorité, elle envisageait non pas seulement cet instant précis, où le jeune homme mineur devient majeur, mais toute la période de la minorité. Elle voulait indiquer par là, comme l'avait fait remarquer le rapporteur, que le fait d'habiter en France au moment de la majorité emportait, pour ces individus, la présomption qu'ils y avaient habité pendant leur minorité. L'individu né en France, et qui y est domicilié « stricto sensu » ou résidant à sa majorité, est lié assez étroitement à la France, pour qu'on puisse le présumer Français.

On devra donc considérer comme remplissant cette condition de domicile de l'art. 8-4° : 1° les individus qui nés en France y résident lors de leur majorité, même si leurs parents ont leur domicile légal à l'étranger ; 2° les individus qui résident à l'étranger, mais dont les parents sont domiciliés en France, en admettant toutefois, pour ceux-là, que du jour de leur majorité, c'est-à-dire, du jour où ils seront aptes à avoir un domicile propre, ils devront l'établir en France ; 3° le mineur émancipé qui a en France un domicile distinct de celui de son curateur habitant l'étranger.

Du texte de la loi, il peut cependant résulter des in-

convénients. Le domicile n'est exigé, qn'au moment
de la majorité. Il est vrai, comme nous l'avons fait
remarquer, que l'intention du législateur était bien
de viser ainsi, les jeunes gens élevés et habitant en
France. Mais il peut très bien arriver, dans la pratique, qu'un individu né en France, puis ayant quitté
notre pays dès son jeune âge, revienne au moment
de sa majorité réclamer la qualité de Français,
conformément à l'art. 8-4° en établissant son domicile sur notre territoire. Il est bien évident que
celui-ci ne satisfera pas à l'esprit de la loi. (1) Et
cependant il est impossible de ne pas lui accorder
la qualité de Français. Il est vrai de reconnaître,
que cet inconvénient sera pratiquement de bien minime importance, ce cas ne pouvant pas se présenter
bien souvent.

III

Les fils d'étrangers nés en France, qui y seront
domiciliés au moment de leur majorité, sont donc
déclarés Français. Ils sont Français, « ipso facto »,
sans avoir besoin de faire pour cela, aucune déclaration. Le fait de leur domicile est assimilé, en
quelque sorte, à une option tacite. (2) Et cette qualité de Français leur appartient, non seulement
pour l'avenir, mais aussi pour le passé; elle rétroa-

(1) Cogordan, p. 90. — Weiss, p. 164.
(2) Cogordan, p. 83.

git au jour de la naissance. Cette acquisition de notre nationalité était subordonnée à cette condition suspensive, qu'au jour de sa majorité, l'individu serait domicilié sur notre territoire. (1) Or le propre de toute condition accomplie est de rétroagir (art. 1179. C. C.). Cependant cette opinion n'est pas universellement admise, et trouve encore des adversaires sérieux.

Mais malgré les oppositions, il semble bien qu'elle doive être admise de préférence. Tout d'abord, on peut faire valoir à l'appui, la rédaction même de l'art. 8. Il nous donne une énumération des individus qui sont Français ; et après avoir mentionné les fils de parents Français, il arrive aux enfants nés de parents étrangers. Ceux-ci ne sont pas toujours Français, il faut pour cela une réunion de conditions et de circonstances. Mais, du moment où ils acquièrent cette qualité, c'est au même titre que les enfants des Français, eux-mêmes. C'est pourquoi l'art. 8 dit: « Sont Français. 1° etc.... 4° tout individu né en France d'un étranger, et qui à l'époque de sa majorité est domicilié en France..» S'agissant des individus qui nous occupent, la loi dit toujours « *sont* Français », et non pas « *seront* Français ». Ce qui donne bien à entendre que la qualité de Français leur est acquise, dès le principe, du jour de leur naissance. C'est d'ailleurs en ce sens que devait s'entendre la loi de 1851, qui a servi de guide

(1) Surville et Arthuys, *Cours de dr. int.*, p. 58.

au législateur de 1889, pour la réglementation du cas prévu par l'art. 8-4°. Il suffit pour se confirmer dans cette opinion, de se reporter aux travaux préparatoires de la loi : « Le premier — (lisons-nous dans le rapport de M. Dubost, au sujet de l'individu touché par l'art. 8-3°) — serait Français de plein droit, sans pouvoir en décliner la qualité, sous aucun prétexte ; le deuxième — (et il s'agit ici de l'individu visé par l'art. 8-4°) — serait Français aussi, mais aurait la faculté de renoncer à cette qualité, en prouvant toutefois qu'il a conservé sa nationalité d'origine. » Et plus loin : « Cette qualité de Français, qui lui appartient de par sa naissance (1).. » Il semble bien résulter de là que cet individu est Français depuis le jour de sa naissance. C'était l'idée adoptée par les rédacteurs de la loi de 1889.

D'autre part, certains textes du code civil viennent corroborer cette opinion. L'art. 17, énumérant les modes de perte de la qualité de Français, s'exprime ainsi : « Perdent la qualité de Français :... 2° le Français, qui a décliné la nationalité française, dans les cas prévus au § 4 de l'art. 8. » Un autre texte est encore plus précis à ce sujet, c'est l'art. 20 du Code civil. Cet article contient une énumération des cas, dans lesquels, la qualité de Français ne sera acquise que dans l'avenir, et il ne mentionne pas l'art. 8. Il y a là, semble-t-il, une preuve d'autant plus cer-

(1) Rapport de M. Dubost à la Chambre des députés, session extraord., 1887, n° 2083.

taine, qu'en 1893 cet article 20 a été modifié; (1)
on y a compris l'art. 9 du Code civil qui, jusqu'à
cette époque avait été l'objet lui aussi de vives controverses. On peut donc croire que c'est avec intention, qu'on n'y a pas compris l'art. 8, de manière à
laisser produire à cet article les conséquences
générales des conditions accomplies, d'après notre
législation actuelle (2). Un dernier argument, en
faveur de notre système, résulte de la comparaison
des termes de l'art. 8-4° et de ceux de l'art. 9, et
vient ajouter une nouvelle force, à l'idée que nous
émettions au sujet de l'art. 20 du Code civil. Il est
à remarquer, en effet, que l'art. 8-4°, parlant de l'enfant né en France de parents étrangers, dit qu'il
« *est* » Français, tandis que l'article 9 du Code civil
qui s'occupe des enfants nés en France d'étrangers et
domiciliés à l'étranger, déclare qu'ils « *deviennent* »
Français par l'accomplissement des formalités exigées par la loi. Il y a entre ces deux expressions
une antithèse certaine, et qui a du y être mise avec
intention par le législateur.

On a prétendu cependant, et certains auteurs soutiennent encore, que la qualité de Francais, acquise

(1) Art. 20, c. c., réd. de 1893 : « les individus qui acquerront la
qualité de Français dans les cas prévus par les art. 9, 10, 18 et 19,
ne pourront s'en prévaloir que pour les droits ouverts à leur profit
depuis cette époque. »

(2) En ce sens : Surville et Arthuys, p. 58, note 3. — Cohendy,
le Droit, du 17 octobre 1889. — Vincent, *Dict.*, v° *Nationalité*, nos
39 et 40. — Weiss, p. 165. — Audinet, *Journal de dr. int.*, 1889,
pp. 198 et 200. 1891, p. 39.

aux termes de l'art. 8-4°, ne devait pas rétroagir, au jour de la naissance et ne pouvait produire d'effets que pour l'avenir (1). On a voulu voir, dans cette acquisition de la nationalité, une espèce de naturalisation qu'on a bien voulu qualifier de naturalisation de faveur, mais à laquelle on a attribué cependant les effets de la naturalisation ordinaire. On fait observer à ce sujet, que lors de la rédaction de l'article 5 de la loi de 1889, l'art. 8-4° du Code civil avait été compris parmi ceux qui, contenant une naturalisation de faveur, devraient être réglementés par un décret. Cette mention a disparu dans la suite, parce que, dit-on, cette hypothèse n'a pas paru appeler de réglementation. A notre avis, ce n'est pas là qu'il faut chercher le motif de cette suppression. Si l'art. 8-4° n'a pas été compris définitivement dans l'énumération des articles qui contiennent une naturalisation de ce genre, c'est qu'on s'est aperçu qu'en réalité il ne rentrait pas exactement dans cette hypothèse.

Quelques décisions de jurisprudence, isolées il est vrai, ont aussi essayé de donner à l'art. 8-4° une interprétation écartant l'idée de rétroactivité. C'est ainsi notamment, qu'un jugement du tribunal de la Seine du 25 juillet 1889, (2) déclare que l'individu dont il s'agit est Français de *par sa naissance*, bien

(1) Le Sueur et Dreyfus, pp. 164 et 165. — Stemler. *Journal de dr. int. privé*, 1890, p. 563.

(2) *Le Droit*, 18 sept. 1889.

que cette qualité ne lui soit attribuée, qu'à partir de sa majorité. Car c'est au bienfait de sa naissance sur le sol français, qu'il doit l'avantage de devenir ensuite notre national.

Mais les décisions de ce genre sont restées peu nombreuses, et la théorie que nous avons adoptée est le plus généralement appliquée.

L'individu né en France de parents étrangers, et qui y est domicilié au jour de sa majorité est donc Français, et cette qualité rétroagit dans le passé, jusqu'au jour de sa naissance. Mais c'est seulement au moment où il atteint ses 21 ans accomplis qu'il est possible de savoir si la condition imposée par la loi, est accomplie. Quelle sera donc sa situation pendant le temps de sa minorité, c'est-à-dire du jour de sa naissance au jour de sa majorité? Sera-t-il considéré comme Français ou comme étranger, pendant cet intervalle? Nous trouverons la solution de cette question, en nous occupant de la condition faite aux mineurs, dans la section IV.

IV

Nous avons vu, quelles conditions devaient remplir les fils d'étrangers pour se prévaloir de l'art 8-4°. Il nous reste à signaler quelques cas, susceptibles de présenter des difficultés pratiques d'application. Ces cas, peu nombreux d'ailleurs, se rencontrent

au sujet des femmes nées en France. Supposons
par exemple, une femme née en France de parents
étrangers, qui se marie pendant sa minorité, avec
un homme de nationalité étrangère. Aux termes de
l'art. 19 du Code civil, par le fait seul de son mariage,
cette femme prend la nationalité de son mari. Mais
voilà, qu'au jour de sa majorité, elle se trouve
domiciliée en France. Par suite, elle réunit les
deux conditions imposées par l'article 8-4°. pour
être déclarée Française. Et cependant il semble bien
difficile de lui accorder dans ce cas notre nationa-
ité, dont elle s'est vue priver déjà, par application
de l'article 19. Mais pourra-t-on au moins permettre
à cette femme de souscrire la déclaration d'extranéité prévue par notre article ?

La seule portée pratique que pourrait avoir une
déclaration souscrite dans ces conditions, serait
relative aux enfants naturels que cette femme pourrait avoir eus, avant son mariage. Quant à la
condition de la femme elle même, la déclaration
ainsi faite n'y apporterait aucun changement, elle
resterait étrangère, sans avoir besoin d'exprimer
formellement sa volonté à cet egard.

Nous avons supposé jusqu'ici, que la femme
voulait conserver la qualité d'étrangère résultant de
son mariage.

On peut imaginer, au contraire, qu'elle veuille
profiter du fait de sa naissance en France, et
recouvrer définitivement la qualité de Française,

qu'elle avait déjà eue d'une manière conditionnelle. On comprend très bien, qu'avec l'autorisation de son mari, elle puisse réclamer notre nationalité. Et alors, si on ne la déclare pas Française de plein droit, en vertu de l'art 8-4°, il ne lui reste qu'une ressource, souscrire la déclaration prescrite par l'art 9 du code civil. Si elle est majeure et encore dans les délais, elle pourra le faire, croyons nous, avec la seule autorisation de son mari. Si elle est encore mineure, de nouvelles difficultés surgissent au sujet de l'autorisation nécessaire pour faire la déclaration.

Prenons enfin le cas où cette femme née en France de parents étrangers a épousé un Français pendant sa minorité. Elle n'a plus besoin dès lors d'être domiciliée en France à sa majorité, pour acquérir la nationalité française. Mais si au jour de sa majorité, cette personne veut user de la faculté de répudiation, qui lui est conférée par l'art 8-4°, elle le peut aussi avec l'autorisation de son mari. Et quel va être, par rapport à elle-même, l'effet de cette répudiation ? Ici un nouveau conflit s'élève entre l'art 8-4°. et l'art 12, déclarant Française la femme qui épouse un Français. Il semble cependant, que dans ce cas, la qualité de Française ne puisse pas être répudiée absolument, puisqu'il était impossible à cette femme de l'éviter au jour de son mariage (1).

(1) Vincent, *Dict. dr. int.* v° *Nationalité,* n° 53.

Telles sont les difficultés auxquelles peut donner lieu l'application de l'art 8-4°. Il faut reconnaître, qu'elles se présenteront rarement dans la pratique; dans presque tous les cas, l'article 8-4° s'appliquera facilement. La présomption, sur laquelle il est basé, sera le plus souvent corroborée par la réalité. La seule critique que l'on pourrait adresser à cette disposition de notre loi, c'est qu'en se basant uniquement sur le domicile au jour de la majorité, pour en faire un élément de l'attribution de notre nationalité, on risque de faire des Français peu attachés à la France. Il suffit qu'un individu soit né en France par hasard, pour qu'il puisse être Français en établissant son domicile, sur notre sol, au moment même de sa majorité. Mais c'est là un inconvénient bien minime en présence du résultat obtenu, et il était d'ailleurs bien difficile de l'éviter, à moins d'en créer de plus considérables.

Avant d'en finir avec l'article 8-4°, il convient d'indiquer les questions transitoires qui se sont présentées, au sujet de son application, lors de la mise en vigueur de la loi de 1889, de même qu'elles s'étaient présentées, au sujet du § 3 du même article

Les enfants, nés en France d'étrangers, et encore mineurs au moment de la promulgation de la loi devaient être considérés comme Français, si au moment de leur majorité, ils avaient leur domicile en France. Ils n'auraient pas pu se prévaloir de la législation antérieure, parce qu'ils n'avaient pas encore de droit acquis. La faculté qu'ils avaient de conserver la nationalité de leurs parents, n'était pour eux qu'une simple expectative ; et d'ailleurs, l'inconvénient n'était pas bien grand ici, puisque tout en les déclarant Français, on leur permettait de revendiquer la nationalité de leurs auteurs.

Mais il en devait être différemment, pour le cas où ces individus nés et domiciliés en France avaient atteint leur majorité au moment de la mise en vigueur de la loi de 1889. Pour ceux-là en effet un droit d'option s'était ouvert en vertu de l'art. 9 ancien du Code civil , et on n'aurait pu porter atteinte à ce droit (1).

Enfin ceux qui étaient déjà majeurs, lors de la promulgation de la loi, et qui avaient dépassé les délais d'option accordés par l'ancien article 9, ne devaient pas tomber sous le coup de la loi nouvelle (2).

SECTION III

SITUATION DE L'INDIVIDU, NÉ EN FRANCE DE PARENTS ÉTRANGERS NÉS A L'ÉTRANGER, ET QUI N'EST PAS DOMICILIÉ EN FRANCE A SA MAJORITÉ. EFFET DE L'INSCRIPTION DE CET INDIVIDU SUR LES LISTES DE RECRUTEMENT.

I.

L'article 3 dans ses § 3 et 4, que nous venons d'étudier, s'occupe des enfants d'étrangers nés en

(1) Trib. civ, Lille, 6 mars 1890, *Gazette du palais*, 9, 10 avril 1890. — Clunet, 90, p. 490, — Le Sueur et Dreyfus, p. 169. — Vincent, *nat.*, nᵉ 37.

(2) Demolombe, t. I, p. 194, nº 165. — de Folleville, p. 142.

France, qui sont considérés comme Français d'origine. Avec l'art. 9 nous allons rencontrer une nouvelle classe d'individus, nés en France d'étrangers,
auxquels la loi fait une situation privilégiée, mais
qui ne sont plus présumés Français de naissance. Il
s'agit dans l'art. 9, de déterminer la situation de
ceux qui sont nés en France de parents étrangers,
mais qui se trouvent établis, domiciliés à l'étranger
au moment de leur majorité. Avec les principes de
l'ancien droit, ils étaient déclarés Français, par le
fait seul de leur naissance. Mais avec la réaction
qui se produisit lors de la rédaction du Code civil
de 1804, leur condition se trouva totalement modifiée. Par suite de la prédominance du principe du
« jus sanguinis », on s'attacha aux liens du sang,
pour déterminer leur nationalité, et ils furent considérés comme étrangers. Une restriction fut cependant apportée au nouveau principe et on leur permit, à cause de la faveur qui s'attachait à la naissance en France, de réclamer la qualité de Français.
C'est ce que déclarait l'art. 9 du Code civil de 1804 :
« Tout individu né en France d'un étranger, pourra,
dans l'année qui suivra l'époque de sa majorité,
réclamer la qualité de Français, pourvu que dans le
cas où il résiderait en France, il déclare que son intention est d'y fixer son domicile, et dans le cas où
il résiderait en pays étranger il fasse sa soumission
de fixer son domicile en France et l'y établisse dans
l'année à compter de l'acte de soumission. » Cette

disposition était dictée, à cette époque, par le désir
d'accroître le nombre des nationaux Français, afin
d'augmenter la force et le prestige de la France.
Il y avait aussi une idée de respect, pour la législation antérieure, avec laquelle on évitait ainsi de
rompre d'une façon trop brusque. Cette disposition
se justifie d'ailleurs parfaitement. Dans la plupart
des cas, en effet, les jeunes gens qui tombent sous
le coup de l'art. 9 ne devront qu'au hasard, d'être
nés sur le sol français ; ils auront été élevés à l'é-
tranger pour la plupart, et seront bien éloignés d'a-
voir de l'attachement pour un pays qu'ils ne connaîtront pas. Si cependant par suite d'un concours
de circonstances particulières, ils voulaient bénéficier de leur naissance, ils pourront le faire facilement.

Cet art. 9 est resté en vigueur jusqu'en 1889. C'est
seulement à cette époque, qu'il a été modifié, d'une
façon importante d'ailleurs. La loi de 1893 est venue
ensuite apporter encore un complément au texte
adopté par sa devancière ; mais elle lui a laissé le
mérite de la plus grande partie de ses innovations.

Les réformes opérées par ces deux lois étaient du
reste devenues indispensables. Tout d'abord, une
question d'interprétation avait été soulevée, à propos
de l'application de l'ancien art. 9. Qu'avait voulu
dire le législateur, en fixant comme délai d'option,
l'année qui *suivrait la majorité*? fallait-il se baser,
pour déterminer la majorité, sur les principes du

code civil? ou au contraire, appliquer à l'individu sa loi nationale en cette matière ? Les avis étaient très partagés à ce sujet (1). En outre, les formalités prescrites par l'art. 9 n'étaient pas suffisantes et pouvaient être facilement négligées.

Il importait d'établir une réglementation plus sévère et mieux comprise.

La loi de 1889 commença par scinder l'ancien art. 9. Elle en fit deux dispositions : d'une part, elle fit rentrer sous l'article 8, le cas où l'individu était domicilié en France ; d'autre part, elle réglementa dans l'article 9 nouveau, la situation de celui qui était domicilié à l'étranger au moment de sa majorité. Elle mit fin à la controverse que nous venons de signaler, en déclarant qu'on devrait toujours considérer la majorité, telle qu'elle est réglée par la loi française. Enfin le texte nouveau apporta une innovation considérable dans les formalités à remplir, pour l'obtention de la nationalité française. Désormais la qualité de Français devrait être réclamée par une déclaration, qui serait enregistrée au ministère de la Justice (2). Cet enregistrement fût prescrit, dans le but de centraliser les déclarations ainsi faites, et de leur donner une force probante

(1) Voir infra, ch. II.

(2) Art. 9, rédaction de 1889, « tout individu né en France d'un étranger et qui n'y est pas domicilié à l'époque de sa majorité, pourra jusqu'à l'âge de 22 ans accomplis faire sa soumission de fixer en France son domicile et, s'il l'y établit dans l'année à compter de l'acte de soumission, réclamer la qualité de Français, par une déclaration qui sera enregistrée au ministère de la justice ».

plus grande. En même temps que la loi prescrivait cet enregistrement, elle dédoublait la déclaration imposée par l'ancien article 9. Outre la soumission de fixer le domicile en France, elle exigeait une réclamation expresse, dont la formule se trouve dans une circulaire du garde des sceaux aux Procureurs généraux du 28 août 1893.

La loi de 1893 est venue compléter la réforme opérée en 1889. On avait omis en effet de sanctionner le défaut d'enregistrement des déclarations de nationalité. C'est ce qu'a fait, à très bon droit, le législateur de 1893. Il a décidé que cet enregistrement devrait avoir lieu sous peine de nullité. Cette disposition fut ajoutée à l'article 9 avec une énumération complète des formalités à remplir relativement à ces déclarations. Nous ne parlerons pas davantage ici, de cette procédure qui fera l'objet de la deuxième partie de notre travail.

II

L'article 9 dans sa forme actuelle exige quatre conditions de ceux qui veulent s'en prévaloir. Il faut que les individus, voulant réclamer la qualité de Français, en vertu de cet article soient :

1° nés de parents étrangers eux-mêmes nés à l'étranger.

2° Qu'ils soient nés en France ;

3° Qu'ils ne soient pas domiciliés en France au moment de leur majorité ;

4° Qu'ils fassent leur soumission de fixer leur domicile en France (1).

Les deux premières de ces conditions nous sont suffisamment connues, nous en avons déterminé la portée par avance (2). Quant à la quatrième nous la retrouverons en étudiant les formalités de procédure en vue d'acquérir la qualité de Français.

Il nous reste donc à dire quelques mots du domicile dont parle l'art. 9. Il y a lieu d'entendre ce mot, domicile, dans un sens large, et de ne pas lui donner le sens exact qui lui est attribué dans notre législation. L'enfant, jusqu'au moment de sa majorité, ne peut avoir d'autre domicile que celui de ses parents ou de son tuteur. Par conséquent les jeunes gens nés en France, dont les parents habitent l'étranger et qui eux-mêmes y habitent, seront bien domiciliés à l'étranger et pourront souscrire la déclaration prescrite par l'art. 9. Mais il peut arriver que l'un de ces enfants se trouve en France, au moment où il va atteindre ses vingt et un ans. Il peut résulter de là une complication. C'est qu'en effet on fait tomber sous le coup de l'art. 8-4° les individus nés en France, qui y résident à leur majorité. Lors-

(1) Circulaire du garde des Sceaux, 28 août 1893. — Cogordan, p. 81. — Le Sueur et Dreyfus, p. 132. — Vincent, *Lois nouvelles*, 1889, p. 833.

(2) Voir supra, p. 26 et s,

que la résidence correspond à un établissement de longue durée et à l'intention chez l'individu de devenir Français, il n'y a pas de difficulté. Celui-ci peut sans inconvénient être déclaré Français. Mais il peut arriver qu'un individu, né en France par hasard, s'y retrouve au moment de sa majorité, bien qu'il n'ait nullement l'intention de devenir Français. Va-t-on lui appliquer l'art. 8-4°, ou bien sera-t-il rangé dans la catégorie de l'art. 9 ? Il ne sera pas déclaré Français en vertu de l'article 8-4°, bien que se trouvant en France au moment de sa majorité, pourvu qu'il ait son domicile à l'étranger. C'est ce que faisait remarquer M. Dubost à la Chambre des députés. « Il faut qu'il soit bien compris, disait-il, que l'individu né en France d'un étranger, et qui *domicilié* à l'étranger *séjournerait* en France à l'époque de sa majorité puisse y faire la soumission prévue par l'art. 9 (1). » Il faudrait donc établir une distinction entre la résidence qui, dans certains cas, équivaut au domicile et le simple séjour. Ce sont là des questions de fait, souvent délicates et difficiles à établir d'une manière bien précise. Aussi la loi ne pourrait que gagner à être modifiée sur ce point. Il serait bon d'indiquer formellement en quoi consiste cette condition de domicile, de manière à faire disparaître ces difficultés d'interprétation.

Il y a cependant, dans cette façon d'entendre le

(1) 2ᵉ rapport supplémentaire de M. Antonin Dubost,*Chambre des Députés,* session ordinaire 1889, n° 3560.

sens du mot domicile, un avantage certain, pour les
individus qui veulent réellement profiter de leur
naissance sur le sol français. Malgré le domicile de
leurs parents établi à l'étranger, ils peuvent, en résidant simplement en France, se faire comprendre
parmi les jeunes gens visés par l'art. 8-4°. Ils évi-
tent ainsi toutes les formalités de l'art. 9. Et ils ont
l'avantage d'être déclarés Français purement et simplement. Certains individus peuvent même, de cette
façon, arriver à tourner la loi, à bénéficier d'une
faveur qui n'a pas été faite pour eux et de laquelle
ils sont indignes. Prenons par exemple un jeune
homme qui a subi plusieurs condamnations : s'il est
domicilié à l'étranger et qu'il réclame la nationalité
française, il aura la presque certitude de se voir
refuser l'enregistrement de sa déclaration, à cause
de son indignité. Mais n'a-t-il pas un moyen plus
facile de devenir Français, et cela sans avoir aucune
déclaration à faire? il peut très bien s'établir en
France, se laisser comprendre sur les listes de recrutement et voilà cet individu, à qui on aurait peut-
être refusé la qualité de Français en vertu de l'article 9, qui va devenir Français d'origine en vertu de
l'art. 8-4°. Il y a certainement là une situation regrettable.

Ce sont peut-être ces résultats malheureux qui ont
porté certains auteurs à voir une antinomie formelle
entre l'art. 9 et l'art. 8-4°.

L'article 8-4°, dit-on, déclare Français, tout individu qui est né en France d'étrangers, et qui y est domicilié au moment de sa majorité. On présume la qualité de Français chez ces individus, qui sont nés sur le territoire. Comment dès lors expliquer que l'art. 9 présume tout au contraire la qualité d'étrangers chez ces enfants qui sont aussi nés en France. Il y a, dit-on, contradiction entre ces deux textes (1), et la naissance en France devrait produire les mêmes effets chez tous.

A notre avis, il n'y a pas antinomie entre les dispositions de ces deux articles, et chacune d'elle s'explique très bien. Dans un premier cas, l'art. 8-4° décide que, si au fait de la naissance en France, vient s'ajouter le domicile au moment de la majorité, l'individu doit aussitôt être considéré comme Français, sauf la faculté pour lui de réclamer la nationalité étrangère. Toute différente, au contraire, est la situation prévue par l'article 9. Cet article s'occupe des enfants qui sont nés en France, sans autre circonstance, et qui par suite doivent remplir certaines formalités pour devenir Français. La plupart du temps, ceux-ci seront nés en France, accidentellement, au cours d'un voyage, ou pendant un séjour de peu de durée, puis ils seront revenus à l'étranger, où ils auront été élevés. Il n'eut pas été raisonnable de présumer la qualité de Français chez ces indivi-

(1) Audinet, *Journal. de dr. int. privé*, 1891.— *Revue critique*, 1891, p. 27 et 34. — V. d'ailleurs cass. 19 déc. 1891. — Rapport de M. le conseiller Sallantin; Clunet, 1892, p. 690.

dus. C'est pourquoi le législateur a voulu qu'ils fussent considérés comme étrangers. Mais comme on a pensé aussi que quelquefois il pourrait se rencontrer certaines de ces personnes, qui par suite de circonstances exceptionnelles, auraient de l'attachement pour la France, et témoigneraient le désir de devenir Françaises, on leur a facilité l'acquisition de cette nationalité. C'est dans ce but, et à cause de leur naissance sur le sol français, qu'on a introduit dans l'art. 9 une espèce de naturalisation de faveur. Tels sont les deux points de vue différents sous lesquels il faut envisager les dispositions de l'art. 8-4° et de l'art. 9.

Elles ont été écrites pour réglementer deux situations distinctes, et de cette manière on s'explique parfaitement la différence de leurs solutions.

Avant de quitter ce § 1 de l'art. 9, il nous reste à signaler une question d'interprétation, qui avait été soulevée à propos de l'article 9 ancien. Cette question a perdu aujourd'hui toute son importance, par suite de la disposition introduite dans l'article 20 du code civil par la loi du 26 juin 1889. Il n'est pas sans intérêt, cependant, de rappeler brièvement cette controverse.

Sous l'empire de l'ancien article 9, on s'était demandé à bon droit, si la qualité de Français, acquise en vertu de cet article, remontait dans ses effets au jour de la naissance ou si, au contraire, elle n'était efficace que pour l'avenir. La loi était absolument muette sur ce point. Aussi deux opinions bien opposées s'étaient-elles fait jour. La jurisprudence avait très souvent décidé, suivant en cela les principes de l'ancien droit (1), que la nationalité ainsi acquise, devait profiter même dans le passé à l'individu qui se prévalait des dispositions de l'art. 9. Les arrêts, intervenus dans ce sens, se fondaient surtout sur les principes généraux qui gouvernent l'effet de la condition accomplie dans notre législation ; (art. 1179 du c. civ.). Ils invoquaient aussi les termes de l'art. 10, qui statuant sur le cas d'un enfant né en pays étranger d'un ex-Français disposait que cet enfant pourrait toujours recouvrer cette qualité, en remplissant les formalités de l'art. 9. Si la loi employait cette expression, disait-on, c'est qu'en effet l'enfant recouvrait ici une qualité que son père lui avait fait perdre. Celui, au contraire, qui invoquait l'article 9, était Français en vertu d'un droit propre, inhérent à sa personne. Sa déclaration devait avoir pour objet, moins de lui faire acquérir la qualité de Français, que de la constater ? (2) On invoquait enfin l'article 20 du code

---

(1) Discours du tribun Gary au Corps législatif (séance du 17 ventôse an XII), « le bonheur de sa naissance n'est pas perdu pour l'enfant né en France de parents étrangers; la loi lui offre de lui assurer le bienfait de la nature; mais il faut qu'il déclare l'intention de la conserver. »

(2) Notamment Cass. 19 juillet 1848, Sirey, 1848, I, 529 et note, — Trib. Seine, 23 avril 1850, S. 1850 2, 465. — Seine, 5 avril 1878, Clunet, 1878, p. 502. — Paris, 6 février 1884, S. 1885, 2, 215. — Cass. 29 déc. 1885 ; Clunet, 1886, p. 719. — Demolombe, I, nᵒ 163.

civil, qui ne comprenait pas l'article 9 dans l'énumération de ceux qui précisent les cas, où la qualité
de Français n'est acquise que pour l'avenir.

Cette théorie de la jurisprudence était cependant
attaquée d'une façon très vive, par la plus grande
partie des auteurs, qui réfutaient un à un tous les
arguments invoqués (1). Quelques décisions de jurisprudence avaient aussi soutenu la même théorie (2).

La loi de 1889 a mis fin à cette controverse. Elle
s'est absolument prononcée contre le système de la
jurisprudence. Depuis cette époque, la qualité de
Français acquise en vertu de l'art. 9, ne produit
d'effet que dans l'avenir ; c'est ce qui résulte de
l'art. 20 du code civ. dans lequel on a fait rentrer
l'art 9. Le dernier alinéa de cet article exprime
aussi la même idée, d'une façon plus abstraite, « il
devient également Français, si ayant été porté sur le
tableau de recensement... » Enfin l'art 8, *in fine*,
du décret du 13 août 1889, déclare que le moment
précis, à partir duquel l'intéressé change de nationalité, est celui de la déclaration qu'il doit faire devant
le juge de paix.

Aubry et Rau, I, § 70, p. 238.— Rouard de Card. condition de l'individu né en France de parents étrangers, p. 11.
(1) Delvincourt, I, p. 192 ; Fœlix et Demangeat, t. I. p. 41. —
Cogordan 1re édition, p. 81. — De Folleville, pp. 123 et s. — De-
mante et Colmet de Santerre, t. I, n° 19 *bis*. — Baudry Lacantinerie, *précis de droit civil*, t. I, n° 182.
(2) Gand 28 février 1874 ; Pasicrisie, 1874, 2, 216. — Alger 2 décembre 1886 ; Clunet, 1887, p. 477.

On peut dire que le législateur de 1889 a sagement agi, en prenant ainsi une décision exempte d'équivoque. Il a supprimé toutes les difficultés qui s'étaient produites pendant si longtemps, à ce sujet ; Et il est regrettable qu'il ne se soit pas prononcé aussi à propos de l'art. 8-4° qui, nous l'avons vu, donne lieu à une question analogue. Y a-t-il eu oubli ? C'est peu probable ; on peut même déduire de ce silence de la loi, un argument en faveur de la solution que nous avons adoptée. Car si on avait voulu admettre le système de la non rétroactivité pour l'art. 8-4°, il eût été compris lui aussi dans l'énumération de l'art 20 du c. civil.

III

L'article 9 énumère ensuite les formalités que doit accomplir l'individu, qui réclame la qualité de Français, et il indique toute la procédure à suivre dans ce but. Il donne ainsi les formes de l'option expresse, telle qu'elle se produira dans la plupart des cas. Mais dans son dernier paragraphe, ce même article prévoit un autre moyen, mis à la disposition de l'enfant né en France d'un étranger, pour obtenir la nationalité française. Il s'agit de son inscription sur les listes de recrutement : « il devient également Français, dit l'art 9, si ayant été porté sur le tableau de recensement, il prend part aux opéra-

tions de recrutement, sans opposer son extranéité. »
Il y a là une véritable option tacite de la part de
l'intéressé. Car s'il prend part aux opérations du
recrutement, sans se réclamer de sa nationalité
étrangère, il sait parfaitement quelles obligations il
s'impose. Cette disposition a été introduite dans la
législation française par la loi du 22 mars 1849, qui
permettait aux individus servant ou ayant servi
dans l'armée française, ou ayant satisfait à la loi du
recrutement de faire, à tout âge, la déclaration prescrite par l'article 9 du c. civ. On avait voulu, par ce
moyen, encourager ces individus à remplir les obligations du service militaire, et d'autre part favoriser
ceux qui, par oubli ou ignorance, se croyant Français
à cause de leur naissance, avaient omis de faire une
déclaration. Mais de nombreux abus s'en étaient sui-
vis ; la loi permettant à ceux dont elle réglait la condition, de réclamer à *toute époque* la nationalité française, leur condition restait incertaine pendant un
temps indéterminé. On aboutissait en outre à un résultat choquant: en effet, ces individus conservaient
jusque sous nos drapeaux leur nationalité d'origine,
et accomplissaient des devoirs incompatibles avec
l'attachement qu'ils pouvaient lui conserver encore (1).

La loi de 1889 a mis fin à ces conséquences
bizarres. L'inscription sur les listes de recrutement et la participation aux opérations du tirage

(1) Weiss, tome I, p. 116.

au sort ne donnent plus à l'étranger le droit de souscrire, à toute époque, la déclaration de l'art 9. Désormais cette déclaration est suppléée pour lui, par
son silence. S'il prend part aux opérations de recrutement, sans exciper de son extranéité, il est censé
opter par le fait même pour la nationalité française.

Mais comment peut-il arriver que ces jeunes gens
visés par l'article 9 soient inscrits sur les listes du
recrutement?

Ils sont étrangers jusqu'au moment où ils ont
fait leur déclaration; il paraît donc bien difficile
qu'on puisse les appeler au service militaire avant
cette époque. Pour expliquer le cas, prévu par l'art.
9 § 11, il faut supposer, ou bien que le fils d'étranger
né en France a été porté par erreur sur les listes
de recrutement, ou bien qu'il a établi son domicile
en France entre la date de sa majorité et la formation des listes. L'étranger, en effet, n'est appelé à
tirer au sort que dans l'année qui suit ses vingt et un
ans (1). Il s'agit donc ici d'un individu majeur. Le
mot *il*, qui commence le paragraphe 11 de l'art. 9
ne se rapporte pas au paragraphe précédent, mais
bien au commencement de l'article, à l'individu né
en France de parents étrangers, non domicilié à sa
majorité. C'est ce qui résulte évidemment, des
termes du rapport de M. Delsol au Sénat. « Le projet décide avec raison que cette participation équivaut à un acte de soumission. La commission pour

_____

(1) Art. 11 de la loi du 15 juillet 1889 sur le recrutement.

bien marquer qu'il s'agit toujours de l'individu né
en France d'un étranger, et qui n'y est pas domicilié, *à l'époque de sa majorité*, vous propose de dire
simplement : *il devient également* Français (1). »

Cette interprétation s'impose d'ailleurs, pour conserver à la loi un caractère d'uniformité dans ses
dispositions. Nous verrons en effet, que si elle permet au mineur d'acquérir, avant sa majorité, la
nationalité française, elle ne lui laisse à ce sujet
aucune initiative. Ce sont ses père et mère ou tuteur
qui doivent faire pour lui les déclarations d'option.
Comment donc supposer qu'elle eut permis dans
notre cas à ce même mineur de disposer personnellement de sa nationalité, par le seul effet de son
silence ? (2)

De cette disposition de l'article 9, il convient de
rapprocher l'article 11 § 2 de la loi du 15 juillet
1889 sur le recrutement : « les individus nés en
France d'étrangers, et *résidant en France*, sont également portés, dans les communes où ils sont *domiciliés*, sur les tableaux de recensement de la classe
dont la formation suit l'époque de leur majorité, telle
qu'elle est fixée par la loi française. Ils peuvent réclamer contre leur inscription, lors de l'examen du
tableau de recensement et lors de leur convocation

(1) Rapport de M. Delsol au Sénat du 3 juin 1889. — V. le rapport de M. Antonin Dubost à la Chambre des députés du 15 juin 1889.
(2) Douai 9 juillet 1890, *Revue pratique de dr. int.*, 1890-91,
p. 39. V. cependant Cogordan, p. 97.

au conseil de révision, conformément à l'article 16.
S'ils ne réclament pas, le tirage au sort équivaudra
pour eux à la déclaration prévue par l'article 9 du
Code civil. S'ils se font rayer, ils seront immédiatement déchus du bénéfice dudit article. » Quelle est
la portée de cet article 11 de la loi du 15 juillet
1889 ? On peut se demander, s'il se réfère au cas
prévu par l'article 9 du Code civil, ou au contraire
au cas de l'art. 8-4°. Et il semble bien, au premier
abord, qu'il soit relatif à ce dernier, car il parle des
individus domiciliés en France au moment de leur
majorité. S'il en est ainsi, cette disposition n'a pas
sa raison d'être : en effet tout enfant né d'étrangers
en France, et qui y est domicilié à sa majorité, est
Français de plein droit, sans qu'il ait besoin de faire
aucune déclaration. Pourquoi viendrait-on dire, que
son silence suppléera, ici, à sa déclaration (1)? Il n'en
a aucune à faire. C'est donc aux individus visés par
l'article 9 § 11 que s'applique la disposition de l'art.
11 de la loi sur le recrutement. Il reste alors à
expliquer les termes de domicile et résidence, qui y
sont employés. Pour cela, il faut supposer, comme
nous le disions tout à l'heure, que l'individu dont il
s'agit a transporté son domicile en France; entre le
moment de sa majorité et celui de la formation de
la classe suivante. Figureront sur les listes du contin-
gent, ceux qui résideront en France lors de la formation de la classe qui suivra leurs vingt-et-un ans ;

(1) Weiss, *Journal de droit int. privé*, 1890, pp. 17 et s.

mais cette inscription ne vaudra option que pour ceux desquels une option expresse est exigée.

Dans quelles conditions devra se produire cette inscription, pour tenir lieu ainsi de la déclaration prescrite? La loi dit expressément, que l'individu dont il s'agit doit *avoir pris part* aux opérations de recrutement, ce qui implique qu'il s'est présenté en personne. Si on avait tiré au sort pour lui, sans qu'il fut présent, il n'y aurait plus d'option tacite. Il faut absolument, qu'il y ait de sa part, un acte de volonté. D'ailleurs il peut revenir sur son premier mouvement en réclamant la qualité d'étranger, soit au moment de l'examen du tableau de recensement, soit au moment de sa convocation au conseil de révision (1).

Cette option tacite présente les mêmes caractères définitifs que la déclaration souscrite conformément à l'art. 9. Si l'intéressé se laisse enrôler, sans protestation, il devient Français; si au contraire il réclame sa nationalité étrangère, il perd absolument le droit de se prévaloir ensuite de l'art. 9, alors même qu'il serait encore dans les délais pour faire sa déclaration. Il dispose, en effet, librement de sa nationalité à ce moment, puisqu'il est majeur. C'est en toute connaissance de cause, qu'il se prononce dans un sens ou dans l'autre, et il serait mal venu de réclamer, à moins d'un an d'intervalle, une nationalité qu'il a répudiée expressément.

(1) Loi du 15 juillet 1889, art. 16 et 18.

SECTION IV

CONDITION DE L'ENFANT NÉ EN FRANCE D'ÉTRANGERS, PENDANT
SA MINORITÉ. DU DROIT D'EXPULSION CONTRE CE MINEUR.

I

Nous nous sommes occupés jusqu'ici, de la situation faite aux enfants nés en France de parents étrangers, au moment de leur majorité. Il nous reste à étudier quelle est leur condition pendant le cours de la minorité; faut-il nécessairement attendre la majorité, pour leur accorder l'exercice du droit d'option établi par les articles 8 et 9 du Code civil, ou au contraire, ces individus peuvent-ils, étant mineurs, satisfaire à la loi de la même manière que s'ils étaient majeurs?

L'art. 9 du Code civil de 1804 avait omis de parler de l'exercice de ce droit d'option, pendant la minorité. Il ne s'occupait que des individus majeurs. De là résultait un grave inconvénient et une injustice, en quelque sorte. En effet, ces jeunes gens auxquels la loi accordait la qualité de Français sauf faculté d'option, se voyaient jusqu'au moment de leur majorité, traités comme des étrangers. Il leur était impossible de contracter un engagement dans les armées françaises, et de concourir pour les écoles du gouvernement. De sorte qu'ils se trouvaient exclus absolument de toutes ces écoles, auxquelles cependant ils pouvaient prétendre.

Aussi depuis longtemps, on s'était inquiété de cette situation, et on avait essayé d'y porter remède. Le tribunal de la Seine avait une fois jugé que le tuteur pouvait faire, au nom du mineur, la déclaration prescrite par l'article 9 du Code civil, et lui acquérir ainsi la nationalité française au moins provisoirement, et sauf la ratification du mineur lui-même à sa majorité (1). Mais cette décision du tribunal de la Seine était demeurée isolée, et la situation ne s'en était pas trouvée modifiée. C'est au législateur qu'il appartenait d'apporter une réforme en cette matière.

C'est en 1874 seulement, que le premier pas fut fait dans cet ordre d'idées. La loi du 16 décembre 1874 vint permettre au mineur, né en France d'un étranger, qui lui-même y était né, de s'engager dans les armées françaises de terre et de mer, de faire son volontariat d'un an, et d'entrer dans les écoles du Gouvernement, à l'âge fixé par les lois et règlements, avec le consentement de ses représentants légaux. Cette disposition de la loi de 1874 n'atteignait qu'une seule catégorie de mineurs : ceux qui appartenaient à la deuxième génération d'étrangers nés en France, et qu'on supposait, dès lors, Français de cœur dès leur naissance. Mais on s'était refusé à étendre cette faveur aux autres enfants nés d'étrangers. On redoutait, sans doute, que leur attachement

---

(1) Trib. Seine, 1850. — Dalloz 1850, 3, 29, cité par Audinet, *Revue critique*, 1891, p. 27.

à la France ne fut pas assez profond et qu'ils ne profitassent de ce moyen, pour trahir notre pays. Pour ceux dont s'occupait la loi de 1874, il en allait différemment et le rapporteur de la loi, M. Desjardins, faisait remarquer avec raison, qu'il ne s'agissait pas pour eux d'un changement de nationalité : « il ne s'agit pas, disait-il, de faire acquérir la qualité de Français à des mineurs qui ne l'ont point, il s'agit de la consolider chez des mineurs qui sont présumés l'avoir (1) ». Il n'y avait donc rien d'exceptionnel, dans la disposition de la loi de 1874, qui d'ailleurs était insuffisante (2).

Toutefois la situation ne fut pas modifiée, jusqu'en 1889. A cette époque, le système fut étendu d'une façon considérable, et appliqué à tous les enfants nés en France de parents étrangers. Avant d'aborder l'étude de ces dispositions de la loi de 1889 et des modifications qu'a pu y apporter la loi de 1893, il convient de se demander, d'après quels principes on détermine le moment de la majorité, chez les individus dont il s'agit. La loi de 1889 a, sur ce point, mis fin à une grosse controverse qui avait été soulevée sous la législation antérieure. On s'était demandé, s'il fallait déterminer l'époque de la majorité de ces

----

(1) *Journal officiel*, 4 janvier 1874, pp. 75 et s.

(2) Cette disposition fut étendue par la loi du 14 février 1882 aux mineurs fils d'étrangers naturalisés, ou d'ex-Français ; et par la loi du 28 juin 1883 aux enfants nés en France d'une femme française d'origine, mariée à un étranger, puis redevenue française après son mariage.

individus, d'après la loi française, ou d'après leur loi nationale. Les arguments abondaient dans un sens et dans l'autre (1), mais ce partage d'opinions donnait lieu à des difficultés regrettables.

La question ne fait plus de doute aujourd'hui : dans tous les cas, c'est à la loi française qu'il faut se référer pour déterminer le moment de la majorité. M. Antonin Dubost déclarait expressément au cours des travaux préparatoires que « toutes les fois qu'il s'agira dans la loi votée, de la majorité, on entendra par là, la majorité telle qu'elle est fixée par la loi française (2). » Et c'est ce que dit formellement l'article 9 lui-même, en rapprochant, dans une disposition commune, la majorité et l'âge de vingt-deux ans.

Cette disposition a donné lieu à des critiques très vives. On a fait remarquer, tout d'abord, que la loi n'avait pas su respecter les législations étrangères. Il semble bizarre, en effet, que la France refusant à ses nationaux mineurs, la faculté de se soustraire à son allégeance et d'acquérir une patrie nouvelle, dénie aux législations étrangères sur la majorité, une autorité qu'elle revendique pour la sienne, sur des individus qui ne sont pas ses sujets. L'âge de la majorité pouvant varier, avec chaque nation, on aurait dû s'attacher à la loi nationale de chaque individu, pour fixer le moment où il pourrait exercer les droits

(1). Voir *infra*, ch. II.
(2) Deuxième rapport supplémentaire de M. Dubost, ch. des députés session ordinaire de 1889, n₀ 3560.

qui y sont attachés. Il aurait fallu, dit-on, respecter le principe de la personnalité des lois, et on aurait évité ainsi les conflits qui peuvent se produire entre la loi du déclarant et la loi française (1).

Ces critiques sont certainement fondées, il faut bien le reconnaître, mais la solution adoptée par le législateur de 1889 est cependant susceptible de se justifier. Elle présente d'ailleurs des avantages si certains qu'il ne faut pas hésiter à en reconnaître le mérite, malgré les imperfections qu'elle contient, Si la majorité et, en général, la capacité des étrangers doivent être régies par leur loi nationale, ce principe doit fléchir, toutes les fois que l'ordre public est en jeu, et c'est bien ici le cas. L'Etat Français a le droit absolu de fixer les conditions que devront remplir les individus qui veulent devenir Français. D'autre part, la détermination d'un âge invariable pour l'option en faveur de la nationalité française, présente des avantages pratiques incontestables. Avec le système contraire on se heurte à des difficultés incessantes : d'abord il faudra déterminer la nationalité d'origine du déclarant. Puis, il arrivera souvent, que l'âge fixé par sa loi nationale sera ou inférieur ou supérieur à celui fixé en France. Si cet individu appartient à un pays où on est majeur avant vingt et un ans, suffira-t-il qu'il ait atteint cet âge pour invoquer l'article 9? Si oui, après sa déclaration, cet individu étant devenu Français est soumis à la loi française et

(1) Weiss, t. I, p. 97.

comme tel, il redevient mineur. Avec la disposition de la loi de 1889, toutes ces difficultés disparaissent (1).

Quoi'qu'il en soit de ces critiques, la loi est formelle sur ce point, et on ne peut que l'appliquer exactement. Voyons maintenant, dans quels cas la loi permet aux mineurs d'exercer par anticipation le droit d'option accordé par l'article 9 du Code civil et le droit de renonciation à la faculté de se prévaloir de la qualité d'étranger.

II

L'article 9 du Code civil, dans son § 10, donne au mineur le droit d'opter pour la nationalité française avant d'avoir atteint sa majorité, et règle les conditions d'exercice de ce droit : « si l'individu qui réclame la qualité de Français est âgé de moins de vingt et un ans accomplis, la déclaration sera faite en son nom, par son père ; en cas de décès, par sa mère ; en cas de décès du père et de la mère ou de leur exclusion de la tutelle, ou dans les cas prévus par les articles 141, 142 et 143 du Code civil, par le tuteur autorisé par délibération du conseil de famille. »

C'est le système inauguré par la loi de 1874 que nous retrouvons ici, considérablement étendu. I n'est plus restreint aux seuls enfants nés de parents

---

(1) Cohendy, dans *le Droit* du 27 oct. 1889.

étrangers; eux-mêmes nés en France, il est désormais appliqué à tous les enfants nés en France de parents étrangers. Il y a cependant une différence notable entre la disposition de la loi de 1874 et celle de la loi de 1889. La déclaration, sous l'empire de la loi de 1874, était souscrite par le mineur lui-même avec l'assistance et l'autorisation de sa famille. Elle intervenait à un âge où l'enfant est à même de choisir sa patrie, au moment où il s'agissait, pour cet enfant, d'entrer dans les écoles du gouvernement, ou de s'engager dans l'armée française. D'après l'art. 9 actuel ce n'est plus le mineur lui-même qui fait cette déclaration, ce sont ses parents ou son tuteur, en son nom. Il est à regretter que la loi nouvelle n'ait pas suivi le principe posé par l'ancienne. Car elle semble ainsi méconnaître la nature contractuelle du lien, que la nationalité forme entre l'État et le citoyen. Le droit de cité dérive d'un accord de volontés ; or, pour que cet accord se produise, il faut que chacune des parties contractantes manifeste sa volonté, expressément et *personnellement*. C'est ce qui se produisait sous la loi de 1874, le mineur souscrivait lui-même sa déclaration d'option, la présence des parents n'était requise que pour l'autoriser, en raison de son incapacité : on appliquait le même principe que pour le mariage. Aujourd'hui, au contraire, les parents ou le tuteur de l'enfant peuvent l'engager sans son consentement, sans son avis, soit à un âge où il lui serait impossible de ma-

nifester sa volonté, soit à la veille de sa majorité,
alors qu'il est à même de choisir et de se prononcer
librement pour telle ou telle nationalité. Il s'en-
suit que la nationalité française peut lui être conférée à son insu et malgré lui.

C'est une exagération évidente de la puissance des
parents sur leurs enfants. Mais lors de la discussion
de la loi, on considéra que c'était là un moyen plus
sûr de garantir les intérêts du mineur, qui n'aurait
pas eu toujours le discernement nécessaire pour faire
une semblable déclaration. C'est ce que disait M. Batbie dans son rapport supplémentaire au Sénat (1) :
« La naturalisation, après tout, n'est pas un acte irréparable, et en supposant que la famille se fût trom-
pée, l'enfant devenu majeur, s'il avait trop de regrets
du choix qui a été fait pour lui, pourrait revenir à
sa patrie d'origine. Ces changements multiples ne
seraient sans doute pas sans inconvénients, mais
peut-on les comparer avec la perte irréparable
d'une carrière que le mineur serait condamné à subir, si on ne donnait pas à la famille un pouvoir
d'appréciation, et une suffisante autorité. » Ce sont
ces motifs qui ont fait repousser le projet proposé par
le Conseil d'État. Le Conseil d'État avait proposé de
fixer à dix-huit ans, l'âge auquel le mineur pourrait
acquérir la nationalité française, en faisant sa déclaration lui-même, avec l'assistance toutefois de ses

(1) Batbie, rapport supplémentaire au Sénat (Sénat, documents 1886,
n° 19).

parents, ou des autres personnes dont le consentement est requis pour la validité de ses actes (1). La commission du Sénat refusa d'adopter ce projet, prétendant qu'il pouvait y avoir intérêt, pour le mineur, à souscrire sa déclaration d'option avant l'âge de 18 ans. Certaines écoles du gouvernement, l'école navale notamment, eussent été fermées à ces jeunes gens. L'observation, faite par la commission, avait bien sa portée et méritait d'être prise en considération. Mais rien n'était plus facile que de concilier, dans l'espèce, les intérêts du mineur et les principes. Il aurait suffi de diminuer l'âge fixé par le Conseil d'État et de dire que les déclarations pourraient être souscrites à partir de quinze ou de seize ans (2). L'enfant a acquis à cet âge-là un discernement suffisant pour accomplir un tel acte. D'ailleurs il aurait trouvé une garantie toute naturelle et bien suffisante dans l'assistance et le consentement qu'il lui aurait fallu obtenir de ses parents ou de son tuteur. Malheureusement on ne prit pas ce parti, et le projet du Conseil d'État, au lieu d'être modifié, fut simplement repoussé.

La loi belge du 26 juillet 1889 semble avoir été mieux inspirée que la loi française. Autorisant le mineur à acquérir la nationalité belge par le bienfait de la loi, conformément à l'article 9, elle dis-

(1) Projet de loi délibéré par le Conseil d'État, sénat 1884. Annexe n° 65.

(2) Audinet, *Revue critique de lég. et de jur.*, 1891, pp. 27 et s. — Surville et Arthuys, p. 64, — Weis, t. I, p. 123.

pose: « la déclaration pourra être faite dès l'âge de dix-huit ans accomplis, avec le *consentement* du père, de la mère, ou, à défaut de père et mère, avec *l'autorisation* des autres ascendants ou de la famille donnés suivant les conditions prescrites pour le mariage au chapitre Ier du titre V du livre Ier du Code civil (1). »

Une disposition semblable avait été proposée, lors du projet de loi primitif ; on avait eu l'idée de permettre au mineur d'acquérir la nationalité française, sur la demande de son père, de sa mère, ou de son tuteur, et aux conditions exigées par son statut personnel, pour le consentement au mariage du mineur (2). Il y avait, dans cette proposition, une sage réglementation du droit, accordé au mineur, d'exercer son option avant d'avoir atteint l'âge de sa majorité.

La loi de 1889 a accompli un progrès heureux en accordant ce droit aux enfants d'étrangers nés en France, qu'elle considérait comme presque Français. On augmentait ainsi les présomptions, qui existaient déjà, de l'attachement de ces individus pour leur terre natale. C'était justice, d'ouvrir à ceux qui voulaient être Français l'accès des armées

(1) Loi belge du 26 juillet 1889, promulguée au *Moniteur belge* des 16-17 août 1889. Il est à remarquer que la loi belge retombe dans le même défaut que la loi française en renvoyant, pour la réglementation du consentement à fournir, aux règles écrites dans le C. civil belge.

(2) Sénat, séance du 15 novembre 1886.

françaises et des écoles, de façon à ce qu'ils puissent
y arriver au même rang et au même âge que ceux
de leurs nouveaux concitoyens dont les parents
étaient Français. Mais il est regrettable que, ce
principe posé et accepté, le législateur n'ait pas pris
en considération les sages observations que contenait le projet présenté par le Conseil d'État. On
aurait abouti ainsi à une solution plus logique et plus
équitable que celle qui se trouve dans notre législation actuelle.

III

L'article 9 du Code civil a ainsi réglé, en l'intro-
duisant dans notre législation, le droit pour le mineur d'opter pour la nationalité française. Cette
réglementation ne s'applique qu'aux déclarations qui
doivent être souscrites par les individus rentrant
dans la catégorie de l'art. 9 ; c'est-à-dire par ceux,
qui sont obligés de faire une déclaration expresse,
au moment de leur majorité, afin d'obtenir la nationalité française. L'idée première de cette faveur
se retrouve dans la loi de 1874. Mais, comme nous
l'avons déjà fait observer, la loi de 1874 n'avait
accordé ce droit qu'aux enfants dont les parents
étaient eux-mêmes nés en France. L'article 9 a
étendu la règle d'une façon considérable, sans s'occuper du droit de renonciation à la faculté de répudier la nationalité française, au moment de la majo-

rité, droit que la loi de 1874 avait accordé aux enfants nés, en France, d'étrangers qui y étaient eux-mêmes nés. Il eût semblé naturel, cependant, que la loi de 1889 se fût occupée de ce cas, alors surtout qu'elle modifiait les dispositions de la loi de 1874, quant aux enfants nés en France d'étrangers, qui y étaient eux-mêmes nés. Cependant on ne trouve pas, dans le Code civil, de disposition à cet égard.

Il est assez difficile, pour ne pas dire impossible, d'expliquer cet oubli. Comment a-t-il pu se produire ? C'est ce qu'on ne comprend pas. Il en est résulté que les enfants d'étrangers, tombant sous le coup de l'article 9, se trouvaient dans une situation plus favorable que ceux visés par l'article 8-4°. Cependant, bien que la loi n'ait pas expressément accordé ce droit, il arrivait fréquemment que, dans la pratique, des déclarations étaient souscrites au nom des mineurs, les privant du droit de répudier la nationalité française à leur majorité. Quelle était la valeur et la régularité de ces déclarations ? Ne pouvaient-elles pas être considérées comme nulles et non avenues ? On ne tarda pas à s'apercevoir de cette lacune de la loi, et on chercha aussitôt à y remédier. Nous trouvons en effet, dans le décret du 13 août 1889 portant règlement d'administration publique, pour l'exécution de la loi du 26 juin 1889, la disposition suivante contenue dans son article 11 : « La renonciation du mineur à la faculté qui lui appartient, par application des articles 8-4°, 12 et

18 du Code civil, de décliner à sa majorité la qualité de Français, est faite en son nom, par les personnes désignées dans l'art. 9 § 2 (aujourd'hui § 10) du Code civil (1) ». Depuis la loi de 1893, il convient d'ajouter aux cas prévus par cet art. 11 du décret celui de l'art. 8 § 3 du Code civil. C'est-à-dire le cas où l'enfant est né, en France, d'une mère qui y est elle-même née. Il faut y comprendre encore celui, où il s'agit d'un enfant naturel né en France d'un étranger, qui y est lui-même né, mais qui n'est pas l'auteur dont l'enfant doit suivre la nationalité. Dans ces diverses hypothèses, cet enfant n'est déclaré Français qu'à la condition de ne pas revendiquer la nationalité étrangère, au moment de sa majorité. Il peut donc avoir intérêt à devenir Français plus tôt, en renonçant au droit de se prévaloir d'une autre nationalité.

Le décret de 1889 a ainsi voulu suppléer à la loi. Sous prétexte de réglementer l'application de la loi de 1889, il porte en lui-même une disposition qui n'aurait dû émaner que du pouvoir législatif. C'est un empiétement du pouvoir exécutif sur le pouvoir législatif, qui se trouve condamné par les termes de l'art. 5 de la loi de 1889. Cet article, en effet, en autorisant un règlement d'administration publique à

---

(1) La circulaire du garde des sceaux aux procureurs généraux, du 28 août 1893, contient deux modèles de déclarations (6 et 7) dont les sous-titres indiquent formellement qu'elles sont souscrites au nom du mineur, conformément à l'article 11 du décret de 1889.

déterminer « les formalités à remplir, et les justifications à faire relativement à... la renonciation à la
qualité de Français », a nettement limité les attribu-
tions du chef de l'État en cette matière. Comment
expliquer dès lors cet abus de pouvoir ? Certains
auteurs ont cherché à justifier la disposition de l'article 11 du décret de 1889, en raisonnant de la manière suivante : on permet aux parents ou au tuteur
d'un enfant de le rendre Français, ont-ils dit ; à plus
forte raison, doit-on leur permettre de renoncer pour
lui au droit de répudier cette qualité. « Il importe au
plus haut point de fixer définitivement sur sa tête
la qualité de Français, de rendre impossible pour
l'avenir toute nouvelle modification de sa nationalité (1). » Il y a là, dit-on, un avantage assez considérable, pour justifier l'irrégularité commise (2).

MM. Le Sueur et Dreyfus font observer à ce sujet
que : « la loi n'a pas formellement prévu la renonciation au droit de rénonciation ; mais, ajoutent-ils
aussitôt, on doit admettre qu'un pareil droit résulte
implicitement de la disposition de l'article 9, et des
dispositions des articles 8 § 4, 12 et 18 combinés. On
ne concevrait pas que la situation, faite aux enfants
mineurs des naturalisés et des réintégrés, fût moins
favorable, en définitive, que celle faite aux enfants
d'étrangers nés en France, auxquels on a voulu les
assimiler, et qui tous peuvent acquérir irrévocable-

(1) Circulaire du 28 août 1893.
(2) Campistron, pp. 30, 66, 74.

ment, même pendant leur minorité, la nationalité
Française (1). » Il est certain que le système ainsi
adopté présente des avantages pratiques considérables, qui dans une certaine mesure peuvent lui servir de justification. Il n'en est pas moins vrai que
l'administration a outrepassé ses pouvoirs, et qu'une
loi seule aurait dû réglementer cette faculté de renonciation.

Aussi la plupart des auteurs se prononcent-ils
contre la légalité du décret de 1889 (2). Certains vont
même jusqu'à refuser de reconnaître au mineur
l'exercice de cette faculté de répudiation : « le décret
du 13 août, et à plus forte raison la circulaire du 23
août, dit M. Despagnet, nous paraissent sans valeur,
en tant qu'ils font revivre la loi de 1874, abrogée par
celle du 26 juin 1889 ; en conséquence, la faculté de
renonciation à l'option pour la nationalité étrangère
n'est pas susceptible d'être exercée pendant la minorité (3). »

Il est à souhaiter qu'une loi vienne mettre un
terme à cette situation irrégulière. Et on est étonné
que la loi de 1893 ne se soit pas préoccupée de réglementer ce cas, alors qu'elle apportait plusieurs modifications à sa devancière de 1889. Il n'y a cependant
pas là un silence voulu du législateur ; on ne peut

(1) Le Sueur et Dreyfus, pp. 155 et s.
(2) Weiss, pp. 171 et s. — Despagnet, *le Droit* du 19 oct. 1889.
— Vincent, *Lois nouvelles*, 1889, p. 879. — Surville, *Journal de
droit int.*, 1893, 688. — Audinet, *Revue critique*, 1891, p. 42.
(3) Despagnet, *le Droit*, du 19 oct. 1889.

l'expliquer que par un oubli, involontaire sans doute, mais très préjudiciable à notre législation.

Quoi qu'il en soit, dans la pratique, on considère comme parfaitement valables les déclarations ainsi souscrites, et le nombre en est assez important.

Il faut donc nous demander quelle est l'étendue, la portée pratique d'application de cet art. 11 du décret de 1889, relativement aux enfants nés en France de parents étrangers. Nous avons vu qu'il renvoie aux règles posées par l'art. 9 § 10 pour la renonciation à faire pour le mineur, dans le cas de l'art. 8 § 4. C'est le seul cas dont parle l'article 11 du décret, puisque la loi de 1889 avait déclaré Français tous les enfants nés de parents étrangers eux-mêmes nés en France, sans leur laisser de faculté de répudiation. Mais il faut depuis la loi de 1893 comprendre dans l'art. 11 l'hypothèse où l'enfant est né en France d'une mère, qui y est-elle même née, et aussi celle que nous avons déjà signalée pour l'enfant naturel. Voilà les trois cas dans lesquels un enfant né en France de parents étrangers peut être appelé à renoncer pendant sa minorité à son droit d'option.

On a prétendu que le décret de 1889 avait assimilé à tort l'art. 8-4° aux articles 12 et 18 du Code civil, en le comprenant dans la même formule. La faculté de renonciation se comprend bien, lorsqu'il s'agit des enfants mineurs de l'étranger naturalisé, ou de l'ex-Français réintégré; on peut rapprocher de ces cas celui de l'art. 8-3° depuis la loi de

1893. Tous ces enfants ont en effet la qualité de Français, avec faculté de répudiation. Ils peuvent donc avoir intérêt à fixer cette qualité sur leur tête d'une manière définitive ; et c'est à juste titre qu'on leur permet de faire cette renonciation, de même qu'on a permis aux individus visés par l'art. 9 d'opter avant leur majorité pour la nationalité française.

Mais, a-t-on dit, pour les individus nés en France de parents étrangers, et qui y sont domiciliés à leur majorité (art. 8 § 4) cette renonciation ne se comprend plus. Pendant leur minorité, ces individus sont étrangers : il ne peut donc être question, pour eux, que de réclamer la qualité de Français, en vertu du § 10 de l'art. 9. Car pour qu'ils soient définitivement Français il faut qu'à leur majorité ils soient domiciliés en France, et on ne peut savoir si cette condition sera remplie, tant que dure la minorité. Il n'est pas possible de renoncer à une qualité qu'on n'a pas ; et on ne s'explique pas que le décret de 1889 ait accordé la faculté de répudiation à ces individus.

Pour expliquer la disposition de ce texte, il faut combiner les art. 8 et 9 du Code civil. Supposons qu'en vertu de l'art. 9 § 10 un père réclame pour son enfant la nationalité française, puis qu'au moment de sa majorité cet enfant se trouve domicilié en France, et qu'il demande à se prévaloir de l'art. 8 § 4, pour répudier la qualité de Français, acquise en son nom, par son père. Telle est la situation qui pourrait se produire, et qui ne manquerait pas de présenter de graves inconvénients. C'est précisément pour parer à ces difficultés que le décret de 1889 a introduit ce droit de renoncer à la faculté de répudiation, dans les cas où la loi l'accorde. Cela est si vrai que la circulaire du 28 août 1893 réunit dans un même modèle de déclaration la réclamation de la nationalité française en vertu de l'article 9, 10ᵉ alinéa, et la renonciation au droit de la décliner, à la majorité, en vertu de l'art. 8-4°, tandis qu'elle donne un modèle spécial pour la seule renonciation au droit de réclamer à la majorité la qualité d'étranger en vertu des articles 12 et 18 du Code civil (1). Il en résulte que, dans la pratique, le père qui réclame pour son fils la nationalité française souscrit, en même temps, une déclaration au nom du même enfant, de manière à ce que celui-ci ne puisse pas répudier la qualité de Français à sa majorité (2).

Telle est l'utilité pratique de ces déclarations.

Supposons désormais qu'un père a fait au nom

---

(1) Campistron, p. 75.

(2) La question ne fait pas de doute pour les fils de Belges, nés en France, depuis la convention franco-belge du 30 juillet 1891. — Art. 2, § 3, « ne seront pas inscrits d'office avant l'âge de 22 ans accomplis, sur les listes du recrutement militaire français... 3° les individus qui peuvent décliner la nationalité française, conformément aux articles 8, § 4 (ajouter § 3 depuis la loi du 22 juillet 1893), 12, § 3 et 18 du Code civil français, à moins que, pendant leur minorité, il n'y ait eu renonciation à leur droit d'option conformément à l'article 11 du règlement d'administration publique français du 13 août 1889 ».

de son enfant une renonciation semblable, ou qu'il a opté pour lui, pour la nationalité française, en accompagnant sa déclaration d'une renonciation au droit de répudier la qualité de Français. L'enfant ayant atteint sa majorité, et prenant à ce moment le libre exercice de ses droits, sera-t-il obligé d'accepter les déclarations ainsi faites en son nom? ou au contraire pourra-t-il demander à être placé dans la même situation que si rien n'eût été fait? On a prétendu que l'enfant dont il s'agit pouvait toujours, arrivé à sa majorité, tenir pour nulle et non avenue la renonciation faite en son nom ; et aussi que celui au nom duquel avait été faite une déclaration d'option conformément à l'art. 9, se trouvant domicilié en France à sa majorité, pouvait exercer la répudiation autorisée par l'art. 8 § 4. Il serait injuste, dit-on, qu'une déclaration faite en leur nom, sans leur consentement et sans qu'ils y aient personnellement participé, eût pour conséquence de placer ces enfants dans une situation inférieure à celle de l'individu, pour lequel aucune option n'a été formulée et de le priver d'une faculté qui appartient à ce dernier (1).

Cette opinion ne nous semble pas admissible, tant à cause des conséquences funestes qu'elle peut entraîner qu'à cause de l'esprit même de la loi. Que va-t-il arriver, en effet, si on permet à ces individus de répudier la nationalité française au moment

(1) Weiss, t. I, p. 131.

de leur majorité? Après avoir été traités comme des
enfants par la France, après avoir profité de leur
situation privilégiée, pour pénétrer dans ses écoles
et dans son armée, ils demanderont simplement à
redevenir étrangers. Et c'est après avoir profité de
notre enseignement, pénétré beaucoup de nos secrets,
que, par une simple déclaration, ils répudieront notre
nationalité, pour faire profiter l'étranger de ce
qu'ils auront pu apprendre. Un semblable résultat
n'est pas admissible. D'ailleurs, quelle était l'intention du législateur en créant cette faculté d'option,
pendant la minorité? Aussi bien sous la loi de 1874
que sous celle de 1889, on considérait qu'il y avait
là un moyen d'affermir la qualité de Français sur la
tête des individus qui voudraient s'en prévaloir. On
voulait leur faciliter l'acquisition de notre nationalité, parce que leur demande faisait supposer chez
eux un attachement profond. Et pour bien prouver
qu'on les considérait comme irrévocablement Français après ces déclarations, on leur ouvrait immédiatement toutes les portes, qui sont fermées d'une
manière absolue aux étrangers.

A notre avis l'option faite au cours de la minorité
pour la nationalité française confère à l'enfant
cette nationalité d'une manière irrévocable (1). Et
si celui-ci veut plus tard se soustraire à l'allégeance
française, il ne pourra le faire que de la même ma-

(1) Cogordan, p. 100. — Stemler, J. Clunet 1890, p. 569. —
Surville et Arthuys, p. 63, note 2.

nière, aux mêmes conditions que les autres Français.
Il ne pourra plus user des dispositions de faveur des
art. 8 et 9 du Code civil.

IV

Nous avons vu quelle est la situation faite par la
loi à l'enfant né en France d'un étranger, situation
qui varie, suivant qu'il est domicilié en France ou à
l'étranger au moment de sa majorité. Nous avons étudié, également, les cas dans lesquels cet enfant était
admis, par une faveur toute spéciale de la loi, à profiter pendant sa minorité du droit d'option qui lui est
accordé. Mais, de ce que cet individu se trouve particulièrement favorisé pour obtenir la nationalité
française, s'ensuit-il qu'on doive considérer cette
faveur comme un droit absolu, et le mettre dans une
catégorie à part, distincte des autres étrangers qui
résident en France ? Faut-il, notamment, considérer
comme Français dès leur naissance les jeunes gens
qui se trouvent dans cette situation privilégiée, c'est
à-dire les soustraire aux mesures de rigueur, qui
sont à la disposition du gouvernement, pour se dé-
barrasser des étrangers dangereux, qui comprome-
tent la paix publique ou la sécurité de l'État ?

Il est tout d'abord un cas qui ne saurait faire de
doute : c'est celui que prévoit l'article 9 § 1. Dans
cette hypothèse, les enfants nés en France de parents étrangers sont considérés comme étrangers

jusqu'au jour, où, par l'effet d'une déclaration expresse, ils deviennent Français. Ceux-là, la loi le dit
d'une façon formelle, ne sont Français que pour
l'avenir.

Mais il est une autre situation qui peut donner
naissance à l'incertitude. C'est lorsqu'il s'agit des
enfants nés en France d'une mère, qui y est elle-
même née, et de ceux qui tombent sous le coup de
l'art. 8-4°. Ces enfants sont déclarés Français de
droit, au moment où ils réalisent la condition de
domicile imposée par le Code civil. Et nous avons
vu qu'il convient d'admettre, pour eux, la rétroactivité de la qualité de Français. De là à prétendre
que cette qualité leur appartenait du jour de leur
naissance, il n'y avait qu'un pas. On a soutenu, en
effet, qu'ils étaient Français dès le début, et qu'ils
devaient être considérés comme tels pendant tout
le cours de leur minorité, jusqu'au moment où une
répudiation expresse de leur part leur enlevait cette
nationalité.

Il y a là, à notre avis, une fausse interprétation
de la loi ; sans doute, ces étrangers ne sont pas placés dans des conditions ordinaires ; mais il n'en est
pas moins vrai que, jusqu'au jour de leur majorité,
on doit les considérer comme étrangers. Ce n'est
qu'au moment où ils ont atteint leur vingt et unième
année qu'on peut savoir s'ils ont satisfait aux conditions de la loi, et s'ils doivent être proclamés Français. Jusqu'à la réalisation de ces conditions, ils ont

seulement une vocation à la nationalité française (1).
Au point de vue pratique que va-t-il en résulter ?
C'est que ces individus devront être traités comme
des étrangers ordinaires. Ils ne pourront, notamment,
ni prétendre à l'accès des écoles du gouvernement,
ni s'engager dans les armées françaises. Ces conséquences rigoureuses ont été atténuées par la loi
de 1889, qui leur a permis de devancer le moment
où ils devaient devenir Français.

Sur ce point la loi a accompli un progrès considérable et a fait œuvre juste. Les enfants nés en
France de parents étrangers peuvent désormais, grâce
à ces dispositions, devenir Français dès le plus jeune
âge, et alors ils jouissent de toutes les immunités
accordées aux Français de naissance.

Mais tous n'usent pas de cette faculté, qui leur
est ainsi accordée, et beaucoup attendent simplement d'avoir atteint leur majorité pour se prononcer. Il n'en résulte pas que ces individus se trouvent
soustraits au contrôle du gouvernement ; « *pendente
conditione* », ils sont étrangers. Or l'État a le droit
et le devoir de veiller sur les étrangers résidant en
France et d'empêcher, par tous les moyens en son
pouvoir, qu'ils ne portent préjudice aux nationaux
français et au pays : il y a là un intérêt de haute
police. Le moyen de répression le plus efficace,
accordé au Gouvernement à cet effet, est le droit,

(1) Weiss, t. I, p. 167. — Le Sueur et Dreyfus, p. 160. — Rouard
de Card, p. 173.

pour lui, d'expulser tout étranger perturbateur de l'ordre public.

Ce droit absolu se trouve formulé expressément dans l'article 7 de la loi du 3 décembre 1849 : « le ministre de l'intérieur pourra, par une mesure de police, enjoindre à tout étranger résidant ou voyageant en France, de sortir immédiatement du territoire français et le faire conduire à la frontière (1). »

Cette mesure est applicable, sans aucun doute, aux simples étrangers, qui se trouvent sur le territoire français. Mais, et c'est ici que la question devient délicate, peut-on exercer la même rigueur envers ces étrangers favorisés qui sont en mesure d'invoquer les art. 8 et 9 du Code civil ? Ceux-là ont un droit à la nationalité française, droit qu'ils tiennent de la loi elle-même; pourront-ils s'en voir dépouiller, par l'application d'une telle mesure ?

On a prétendu, et certains auteurs soutiennent encore, que les individus rentrant dans ces catégories privilégiées ne pouvaient pas être expulsés de France. C'est leur faire, a-t-on dit, un tort considérable, un mal irréparable. Ces jeunes gens, que l'on arrache à leur patrie de naissance, se voient jetés dans un pays étranger, où ils n'ont aucune relation, aucune connaissance, pas de famille; c'est les vouer ainsi à la misère et au vagabondage. D'ailleurs, la plupart du temps, le châtiment n'est pas du tout propor-

(1) Le même principe se trouvait déjà formulé dans une loi du 28 vendémiaire an VI (19 oct. 1897).

tionné à la faute commise, et on arrive par ce moyen à rompre l'unité de nationalité dans la famille ; on veut éviter un mal et on en crée un plus grand encore. Car ces individus, jetés hors de nos frontières, absolument dévoyés, deviendront, le plus souvent, des malfaiteurs. Ils ne manqueront pas de revenir sur le sol qui les a vus naître et qui toujours les attirera, parce qu'ils le connaissent davantage, et alors c'est la France qui aura à souffrir de leurs méfaits ; il faudra de nouveau entrer en lutte contre eux pour protéger la société, tandis que ce funeste résultat aurait pu être évité si on avait usé de tolérance à leur égard. C'est ce qu'a bien compris le législateur belge, qui a soustrait au droit d'expulsion, durant le cours de sa minorité, le fils d'étranger né en Belgique (1).

Telles sont les considérations d'ordre général que l'on a fait valoir pour soutenir que le droit d'expulsion ne saurait être exercé à l'encontre des enfants nés en France de parents étrangers.

A ces motifs purement humanitaires, on ajoute des arguments de droit. Les individus visés par les art. 8 et 9 ont, dit-on, une vocation, un droit acquis à acquérir la qualité de Français. On ne peut en aucune façon porter atteinte à ce droit.

Mais à côté de cette opinion, se trouve aussitôt la thèse contraire, soutenue avec autant d'ardeur. La

(1) Article de M. Raymond Hubert, *Gazette des tribunaux*, 2 oct. 1897.

jurisprudence, appelée maintes fois à se prononcer
sur la question, se trouve divisée comme la doctrine.

Il est intéressant de rappeler les divers arrêts intervenus en la matière, et les motifs sur lesquels ils sont
fondés. Dans un arrêt du 6 février 1884 (1) la Cour
de Paris décida que le droit à la nationalité française, que pouvaient avoir les enfants nés en France
de parents étrangers, ne faisait pas obstacle à leur
expulsion. Peu de temps après la loi de 1889, la
Cour de Montpellier, au contraire, rendait un arrêt, le 8 mai 1891 (2), aux termes duquel elle considérait ces mêmes individus comme Français sous
condition résolutoire. Elle se refusait à reconnaître contre eux le droit d'expulsion, attendu qu'ils
devaient être considérés comme Français, jusqu'au
moment où ils auraient répudié cette qualité. Cette
thèse fut repoussée par la Chambre criminelle de
de la Cour de cassation dans un arrêt rendu sur
pourvoi le 19 décembre 1891 (3), conformément au
rapport de M. le conseiller Sallantin. Des décisions
semblables ont été rendues plusieurs fois depuis cette
époque, et toutes sont basées sur cette idée qu'il
n'y a pas, dans l'espèce, un droit acquis à réclamer
la qualité de Français. « Il serait inadmissible qu'un
étranger pût s'appuyer sur l'existence de droits simplement éventuels, qu'il dépend de lui d'exercer ou

(1) Clunet, 1884, p. 500.
(2) Clunet, 1891, p. 954.
(3) Clunet, 1892, p. 690.

de négliger, pour faire échec à l'autorité publique, séjourner malgré elle sur notre sol, et se ménager pratiquement les avantages d'une nationalité qu'il n'est pas dans sa pensée de réclamer ultérieurement (1). »

Mais supposons que cet étranger ait été expulsé, ne peut-il pas faire une déclaration régulière, en vue d'acquérir la nationalité française, puis rentrer en France, pour y établir son domicile, ainsi que doit le faire celui qui réclame notre nationalité? Ne tombera-t-il pas alors sous le coup de l'art. 8 de la loi du 3 décembre 1849 qui punit d'une peine d'emprisonnement l'étranger expulsé, rentrant en France avant que cette mesure ait été rapportée? Si, en revenant en France, il commet un délit, il ne saurait se prévaloir de sa rentrée pour prouver qu'il remplit les conditions de la loi. Dans l'arrêt de la Cour de Paris du 6 février 1884, que nous avons déjà relaté, il s'agissait d'un individu, Frischknecht, qui, à la suite d'un arrêté d'expulsion pris contre lui le 4 avril 1882, avait été condamné, le 27 décembre 1883 par le tribunal de la Seine, à deux mois de prison, pour infraction à cet arrêté. Le 2 février 1884, il avait souscrit une déclaration d'option pour la nationalité française. Dans ces conditions la Cour de Paris décida qu'il avait bien commis le délit prévu par l'art. 8 de la loi de 1849,

_____

(1) Note de M. Cabouat, sous arrêt, cass., 31 janvier 1896; D. 1896, 1, 337.

mais que, d'autre part, il devait être considéré comme Français, ayant fait sa déclaration de fixer son domicile en France et l'y ayant effectivement transporté. Il est difficile de se ranger à une telle opinion. On ne saurait admettre qu'un droit puisse naître d'une infraction à la loi; et c'est ce qui semble résulter de l'arrêt de la Cour de Paris.

Mais cette distinction se retrouve formulée dans plusieurs autres décisions de jurisprudence. C'est ainsi notamment que la Cour de Lyon, arrêt du 19 novembre 1890 (1), déclare de la même façon que l'individu, expulsé et rentré en France, peut valablement souscrire la déclaration prescrite par l'art. 9 et devenir Français. La Cour de Douai a donné la même solution, dans un arrêt du 6 décembre 1890 (2), et la Chambre civile de la Cour de cassation a confirmé cette doctrine en rejetant, par arrêt du 27 octobre 1891 (3), le pourvoi formé contre la décision de la Cour de Douai. « Attendu, dit la Chambre civile, qu'il n'appartient pas au gouvernement de faire échec, par une mesure de police, à un droit résultant, au profit de Thiry, de la loi, et qui lui était acquis du jour de sa naissance; que celui-ci autorisé par la loi à réclamer la qualité de Français est par cela même investi du droit d'accomplir les formalités prescrites pour la validité de sa réclamation, que Thiry

(1) Clunet, 1891, p. 946.
(2) Clunet, 1891, p. 1223.
(3) Clunet, 1891, p. 1223.

doit donc établir son domicile en France; que l'arrêté
d'expulsion sus-visé cesse de lui être opposable,
alors qu'il demande l'entrée de la France, non plus
comme étranger sollicitant une faveur, mais comme
fils d'un ex-Français, usant du droit que lui confère
sa naissance de réclamer la qualité de Français, et
autorisé à fixer son domicile en France par la loi,
qui lui impose même l'obligation de cette résidence
comme condition de consécration de son droit (1).. »

Tel est, d'une part, le système admis et consacré
par la Chambre civile de la Cour de cassation. La
Chambre criminelle a adopté au contraire une opinion toute différente, et qu'elle a toujours soutenue
avec la dernière énergie, malgré les attaques dont
elle a été l'objet. La première décision de la Chambre criminelle en cette matière est un arrêt du 19 décembre 1891 (2), rendu dans l'affaire Casana. Les
frères Casana, nés, à Toulouse, d'un père espagnol,
furent expulsés par un arrêté du 30 juillet 1890.
Rentrés en France, et condamnés à un mois de prison par un jugement du tribunal de Céret, du
8 avril 1891, ils furent acquittés par la Cour de Montpellier (arrêt du 8 mai 1891). Sur pourvoi en
cassation, la Chambre criminelle cassa l'arrêt de la

---

(1) Un jugement du tribunal correctionnel de Valenciennes a décidé
que le fils d'ex-Français cessait d'être soumis à l'arrêté d'expulsion
dès qu'il avait souscrit simplement l'acte de soumission de venir s'é-
tablir en France. *Jugement* du 13 août 1895, confirmé par la Cour
de Douai, 5 nov. 1895.

(2) Clunet, 1892, p. 690.

Cour de Montpellier. Le dissentiment se trouvait ainsi bien établi entre les deux Chambres.

Il ne devait pas tarder à s'accentuer davantage encore.

La Chambre criminelle, dans un autre arrêt du 22 décembre 1894 (1), affaire Pomezano, déclara que « l'étranger expulsé ne saurait avoir en France, ni domicile, ni résidence au sens légal du mot, puisque sa présence seule sur le territoire de la République constitue un délit (2) ».

Mais c'est surtout à propos de l'affaire Lorent que la contradiction s'est manifestée de la façon la plus formelle ; malgré l'opposition des Cours d'appel, la Chambre criminelle n'en a pas moins persisté dans sa manière de voir. Lorent, fils d'un ex-Français, avait été frappé d'un arrêté d'expulsion ; rentré en France il fut condamné, le 23 mars 1895, par le tribunal correctionnel de Valenciennes. Après avoir repassé la frontière, il se présenta devant notre vice-consul à Mons, le 3 avril 1895, et fit devant lui sa soumission de fixer son domicile en France, puis il rentra sur le territoire français. Traduit de nouveau devant le tribunal correctionnel de Valenciennes, pour infraction à l'arrêté d'expulsion rendu contre

---

(1) Clunet, 1895, p. 380.
(2) Dans le même sens, v. *jug. du trib. civil de Bastia*, 19 déc. 1890 ; *Revue prat. de dr. int. privé*, 90, 1, 238. — Arrêt Pomezano du 22 déc. 1894, *Pandectes franç.*, 1895, 1, 185, avec la note contraire de M. Hubert. — D. 95, 1, 136 et la note.

lui, il fut acquitté par jugement du 13 août 1895(1) :
« Attendu, dit ce jugement, que si le fils d'un ex-
Français, tant qu'il n'a pas fait sa soumission de fixer
son domicile en France, reste dans la classe des
étrangers pouvant être expulsés du territoire français, il en est différemment, dès qu'il a fait régulièrement cet acte de soumission, — que par cet
acte il met en valeur la vocation légale que lui confère sa naissance, de réclamer la qualité de Français,
et pour ce faire de fixer son domicile en France, —
qu'il entre, dès ce jour, dans la classe des étrangers
qui ne peuvent rester ou être placés sous le coup
d'un arrêté d'expulsion, pendant les délais que leur
accordent les art. 9 et 10 du Code civil, pour faire
statuer sur leur réclamation de la qualité de Français... » Sur appel de ce jugement, la Cour de Douai
confirma en adoptant les mêmes motifs, par un arrêt
du 5 novembre 1895. Mais sur pourvoi, l'arrêt fut
cassé par la Chambre criminelle de la Cour de cassation, par arrêt du 31 janvier 1896.

L'affaire fut alors renvoyé devant la Cour d'Amiens
qui se prononça le 19 mars 1896 dans le même sens
que la Cour de Douai. Un nouveau pourvoi ayant
été formé à la suite de cet arrêt, la Chambre criminelle se déclara incompétente, et l'affaire fut soumise
à la Cour de cassation toutes Chambres réunies.
Sur les conclusions de M. le Procureur général

(1) *Gazette des tribunaux,* 16 oct. 1895, et article de M. Raymond Hubert.

Manau, le système de la Chambre civile, qui avait été aussi défendu par les Cours d'appels, fut adopté par la Cour de cassation dans son arrêt solennel du 9 décembre 1896.

Il semble qu'à la suite d'une décision rendue dans de telles circonstances toute controverse ait dû cesser et que la jurisprudence ait été fixée définitivement. Il n'en est rien cependant. Et il est intéressant de faire remarquer ici que, depuis cet arrêt solennel, la Chambre criminelle a refusé de se rallier à l'opinion des autres Chambres. Elle a persisté à considérer qu'une vocation légale à la qualité de Français ne constitue qu'une simple expectative et non un droit acquis, contre lequel viendrait se briser le droit d'expulsion du gouvernement (1).

C'est ce qui résulte de deux arrêts récents, le premier du 21 janvier 1898 (2), affaire Panieri. Julie Panieri, née à Marseille, d'un père italien, fut, à l'âge de dix-sept ans, l'objet d'un arrêté d'expulsion. Revenue en France sans autorisation, elle fut, poursuivie, devant le tribunal correctionnel de Nice, pour infraction à l'arrêté d'expulsion et condamnée. Ce jugement fut confirmé en appel par la Cour d'Aix, et la Chambre criminelle rejeta également le pourvoi qui avait été formé par Julie Panieri. La Chambre criminelle, repoussant la théorie de certaines déci-

(1) Surville, *Revue critique*, 1899, p. 209.
(2) Sirey, 1898, 1, 255.

sions judiciares (1), qui considéraient comme Français, du jour de sa naissance, l'enfant visé par l'art. 8-4°, déclare cet enfant Français sous condition suspensive, et estime que, *pendente conditione*, il est considéré comme étranger, que, par suite, rien ne s'oppose à ce qu'il soit frappé d'un arrêté d'expulsion.

La même doctrine est affirmée dans un autre arrêt de rejet, l'arrêt Lang, du 30 mars 1898 (2).

Tel est l'état de la jurisprudence sur la question : division d'opinion nettement accentuée, entre la Chambre criminelle et les autres Chambres de la Cour de cassation. On a cependant prétendu qu'il n'y avait pas une opposition formelle, entre leurs divers arrêts. M. Lenoble, notamment, a développé et soutenu cette thèse (3). Il ne faut pas confondre, dit M. Lenoble, le cas où il s'agit d'individus rentrant dans l'application des art. 9 et 10 du Code civil, avec celui où il s'agit des étrangers visés par l'art. 8-4°. La Chambre civile, dans l'arrêt Thiry du 27 octobre 1891, a statué sur la première hypothèse, tandis que l'arrêt de la Chambre criminelle, de décembre 1894, a statué sur la condition de l'individu né et domicilié en France. Celui-ci, quand il a été frappé d'un arrêté d'expulsion, se voit privé par ce fait de la qualité de Français; tandis que le fils d'ex-Français a le droit de souscrire la

---

(1) Surville, *Revue critique*, 1898, pp. 257 et s. — Aix, 18 nov. 1897 ; Clunet, 1898, p. 925.

(2) Journal *la Loi* des 17 et 18 avril 1898.

(3) Lenoble, journal *la Loi* des 15, 16, 17 sept. 1895. — Note sous l'arrêt Pomezano, S. 1895, 1, 155.

déclaration acquisitive, nonobstant son expulsion. Il
y a d'ailleurs entre les deux situations une différence
considérable ; dans un cas, la nationalité française
est acquise avec effet rétroactif, dans l'autre elle
n'opère que pour l'avenir. En outre, ces articles
sont fondés sur des motifs bien opposés, qui expli-
quent la différence des solutions ; le fils d'étranger
qui est domicilié en France se voit en quelque
sorte imposer notre nationalité, il y a là une espèce
de naturalisation forcée ; la qualité de Français
lui est acquise sans déclaration. Au contraire, les
fils d'ex-Français, et les fils d'étrangers non domiciliés en France réclament notre nationalité. Ils y
ont un droit, une vocation légale. Aussi la Cour de
cassation ne s'est pas déjugée; ayant à statuer dans
deux hypothèses dissemblables, elle a considéré, à
bon droit, que deux solutions différentes s'imposaient.

Cette théorie assez ingénieuse permettrait d'expliquer le désaccord qui existe. Malheureusement
la distinction proposée par M. Lenoble ne saurait
être admise. Sans doute, il y a bien une différence
entre la condition des étrangers visés par l'art. 8-4°
et celle des individus visés par les art. 9 et 10 du Code
civil, mais au point de vue qui nous occupe, cette
différence n'a aucune importance et doit être écartée.
Tous ces individus sont soumis par la loi à une
condition, pour devenir Français : établir leur domicile en France. Que, dans le cas de l'art. 8-4°, l'étran-

ger né en France n'ait pour devenir Français aucune volonté à exprimer, tandis que dans les autres cas il doit réclamer la nationalité française par un acte formel, cela est incontestable. Mais dans l'un et l'autre cas, l'acquisition de la qualité de Français est subordonnée à la condition d'un domicile en France, et dans l'un comme dans l'autre, il s'agit de savoir si un arrêté d'expulsion ne fait pas obstacle à la possession de ce domicile.

Quelle est donc en définitive la solution qu'il convient d'adopter dans ce débat ? Comment concilier le droit d'expulsion, qui appartient au gouvernement, avec les arrêts contradictoires de la Cour de cassation ? Nous considérons tout d'abord que l'individu dont il s'agit doit être regardé comme étranger, et que par suite il est parfaitement possible qu'il soit l'objet d'un arrêté d'expulsion. L'arrêté ayant été pris et exécuté, les fils d'étrangers nés en France ne sauraient plus avoir dans notre pays, ni domicile, ni résidence. Comme le dit un des attendus de l'arrêt Pomezano (1), « aucune disposition légale n'ouvre à ces étrangers un droit particulier, quant à l'établissement de leur domicile ; ils restent donc soumis au régime déterminé par la loi du 3 décembre 1849, dont l'article 7 permet au gouvernement d'enjoindre par mesure de police à tout étranger, voyageant ou résidant en France, de sortir immédiatement du territoire français ». Le fait seul pour ces étrangers

(1) Cass. 22 déc. 1894.

de rentrer en France, après avoir été expulsés, constitue un délit. Il est absolument impossible qu'un délit puisse faire naître un droit au profit de celui qui
l'a commis (1).

Cependant, il semble que la loi de 1893 soit venue
apporter un argument nouveau à l'appui de la doctrine qui soutient, pour l'individu expulsé, le droit
de faire la déclaration de l'art. 9. Cette loi, en effet,
a accordé au gouvernement le droit absolu d'apprécier la moralité de l'individu, qui souscrit une déclaration de nationalité. L'enregistrement prescrit
peut être refusé pour cause d'indignité. Dès lors, a-
t-on dit, il n'y a aucun inconvénient à permettre aux
enfants d'étrangers expulsés de France de faire leur
déclaration. Ils ne seront pas pour cela Français,
inévitablement; si on reconnaît qu'ils ne méritent
pas cette faveur, on leur refusera l'enregistrement,
par suite on les privera de la nationalité française.
On a fait une application de ce principe dans l'affaire
Lorent. Lors de l'arrêt solennel de 1896, M. le procureur général Manau soutenait que l'étranger
expulsé ne saurait enfreindre l'arrêté pris contre lui,
et rentrer en France sans autorisation; mais qu'il
pourrait valablement faire sa soumission de fixer
son domicile en France, et rentrer ensuite pour l'y
établir. Son retour dans ce cas est licite, puisqu'il a l'intention sérieuse et bien arrêtée de devenir

(1) Surville et Arthuys, *Précis de dr. int. privé.*

Français (1). Il fait preuve en agissant ainsi de bons sentiments et semble vouloir racheter sa conduite passée. Il y a donc lieu de lui faciliter les moyens d'acquérir notre nationalité. On ne saurait, dans ce cas, l'empêcher d'établir son domicile en France, puisqu'il est appelé par la loi à devenir Français et qu'il doit pour cela avoir son domicile sur notre territoire.

D'autre part, après les arrêts Panieri et Lang, de 1898, on a repris la distinction qui avait été proposée par M. Lenoble. Dans le cas de l'art. 8-4°, dit-on, il s'agit d'un individu qui devient Français, si la condition de domicile se réalise. Or s'il arrive que, pour un motif quelconque, cette condition ne puisse pas se réaliser, il ne peut être question d'une attribution, *ipso facto*, de la nationalité française. Mais l'hypothèse des articles 9 et 10 est bien différente. Il s'agit là de l'acquisition de la nationalité après une déclaration formelle : un arrêté d'expulsion ne saurait empêcher cet acte de se produire, d'autant plus que le gouvernement conserve le droit de refuser l'enregistrement de la déclaration.

A notre avis cette doctrine doit être répudiée, et il convient d'adopter les motifs et la théorie de la Chambre criminelle (2), qui n'a jamais admis cette

---

(1) *La Loi* du 19 déc. 1896.

(2) En ce sens note de Villey, dans Sirey 1896, 1, 537. — Lainé, dans Clunet 1897, pp. 449, 701, 963 et 1898, pp. 57 et 675. — Surville, *Revue critique, loc. cit.*

distinction. Elle devait d'autant moins l'admettre
que, lors de la rédaction des arrêts Panieri et Lang,
elle avait été repoussée par M. le conseiller Acca-
rias, dans le rapport qui a précédé l'arrêt de la Chambre criminelle du 31 janvier 1896 (1), et par M. le
conseiller Durand, dans le rapport à la suite duquel
a été rendu l'arrêt de 1896 (2).

L'enfant né en France de parents étrangers, malgré la situation toute favorable qui lui est faite par
la loi, pourra donc être l'objet d'un arrêté d'expulsion. Et cet arrêté une fois pris l'empêchera de remplir les conditions légales pour être déclaré Français,
en vertu de l'art. 8, et de souscrire la déclaration de
l'art. 9, à moins qu'il n'obtienne le retrait de cette
mesure (3).

Il serait à souhaiter qu'une disposition législative vînt mettre un terme à cette controverse, et
réglementer d'une façon précise la condition de ces
individus, au point de vue de l'expulsion et des conséquences qui en découlent.

(1) *Revue critique*, 1896, p. 103.
(2) Sirey, 1897, 1, 298. — Surville, Clunet 1899, précité.
(3) On doit considérer comme né de parents inconnus, et par suite
comme Français, l'enfant naturel né en France de parents qui ne l'ont
pas reconnu, alors même que son acte de naissance le désigne comme né d'une mère étrangère, si, en réalité, celle-ci ne l'a pas reconnu. Un tel individu ne peut être valablement l'objet d'un arrêté d'expulsion. (Aix 4 juin 1896, Clunet 1899, p. 153).

CHAPITRE DEUXIÈME

Formalités et procédure des déclarations prescrites en vue de réclamer ou de répudier la qualité de Français dans les cas des articles 8 (3°-4°) et 9 du Code civil.

SECTION PREMIÈRE

DÉCLARATIONS SOUSCRITES PAR L'INDIVIDU QUI RÉCLAME LA QUALITÉ DE FRANÇAIS CONFORMÉMENT A L'ART. 9 § 1.

L'art. 9 du Code civil, dont la dernière rédaction est due à la loi de 1893, donne une longue énonciation des formalités que doit remplir l'individu né en France de parents étrangers, et domicilié à l'étranger à sa majorité, lorsqu'il entend réclamer la qualité de Français. Le § 1ᵉʳ est ainsi conçu : « tout individu né en France d'un étranger, et qui n'y est pas domicilié à l'époque de sa majorité, pourra, jusqu'à l'âge de vingt-deux ans accomplis, faire sa soumission de fixer en France son domicile, et, s'il l'y établit dans l'année à compter de l'acte de soumission, réclamer la qualité de Français par une déclaration qui sera, à peine de nullité, enregistrée au ministère de la justice. »

Il résulte de ce texte que le réclamant doit remplir quatre conditions :

1° Il doit tout d'abord faire soumission de fixer son domicile en France ;

2° Il doit ensuite établir effectivement son domicile en France, dans l'année qui suit son acte de soumission ;

3° Faire une déclaration expresse, indiquant son intention de devenir Français ;

4° Obtenir l'enregistrement de cette déclaration.

Nous allons étudier successivement ces quatre conditions, qui ont été réglementées par la loi de 1889 et modifiées sur un point spécial par celle de 1893.

I

Soumission de fixer le domicile en France.

La première formalité à accomplir par celui qui réclame la qualité de Français, en vertu de l'art. 9, c'est de faire soumission de fixer son domicile en France. Il s'agit là d'une déclaration à souscrire devant les autorités compétentes à cet effet.

I. — *Devant qui doit se faire cet acte de soumission?* — Sous la législation antérieure à 1889 aucune disposition précise ne permettait de connaître les autorités chargées de recevoir ces sortes de déclarations. Il en résultait dans la pratique des difficultés et des erreurs nombreuses. En présence du silence de la loi, on avait admis que les fonctionnaires, qui semblaient plus spécialement désignés pour recevoir ces actes de soumission, étaient les officiers de l'état civil : Et on avait attribué compétence au maire de la commune où le réclamant avait l'intention de fixer son domicile, et à celui de la commune où il était né. On admettait cependant que cette compétence n'était pas exclusive. Cela résultait, disait-on, de la discussion au Conseil d'État et du retranchement opéré à la suite de cette discussion, d'une disposition, d'après laquelle la déclaration devait être faite sur le registre de la commune, où le déclarant venait s'établir (1).

On avait admis, dans la pratique, que les individus résidant à l'étranger pouvaient faire leur acte de soumission devant les agents diplomatiques ou consulaires de la France à l'étranger (2), de telle sorte que le déclarant avait le choix entre ces divers agents. Mais il arrivait très souvent que les déclarations faites devant les officiers de l'État civil ne présentaient pas toute la régularité désirable, par suite de l'incompétence de ces agents en la matière. Ces actes étaient mal rédigés, dans presque tous les cas ; ou bien on recevait la déclaration et on omettait d'en dresser acte ; ou bien on le faisait sur des feuilles volantes. Il en résultait que ces déclarations s'égaraient ou tout au moins qu'elles restaient absolument inconnues, puisqu'elles ne recevaient aucune publicité. Profitant de ce caractère de clandestinité, beau-

---

(1) Locré, leg. II, pp. 81 et 85, n° 3. Cpr. Demolombe, I, p. 162.
(2) En ce sens Aubry et Rau, I, § 70, p. 237. — De Folleville, n° 131. — Vincent et Pénaud, v° *Nationalité*, n° 126.

coup d'individus, après avoir fait une déclaration de ce genre, n'hésitaient pas, malgré cela, à se prévaloir de leur qualité d'étrangers, lorsqu'ils avaient avantage à être pris comme tels.

On avait cependant essayé d'apporter un remède à cette situation, et d'atténuer les inconvénients qui en résultaient. Une circulaire du ministre de l'intérieur, du 24 mars 1887, prescrivait la tenue, dans les mairies, d'un registre spécial destiné à recevoir toutes les déclarations qui seraient souscrites pour réclamer ou répudier la qualité de Français. En outre, une autre circulaire du garde des sceaux, du 20 octobre 1888, avait chargé les préfets d'inviter les maires à transmettre à la Chancellerie une copie de toutes les déclarations qui seraient reçues par eux. On cherchait ainsi à donner à ces déclarations un caractère de publicité, dans le but d'empêcher ceux qui les avaient souscrites de les dissimuler à leur gré (1).

Mais ces mesures n'étaient pas suffisantes, et il était nécessaire qu'une loi vînt donner une réglementation certaine à la matière. C'est ce que fit la loi du 26 juin 1889 complétée par le décret du 13 août suivant, qui porte règlement d'administration publique pour l'exécution de cette loi. Depuis cette époque, les actes de soumission dont il s'agit doivent être

---

(1) Voir aussi la circulaire du garde des sceaux aux procureurs généraux, du 23 août 1889, et le rapport adressé au garde des sceaux, sur l'application de la loi du 26 juin 1889, par M. le directeur des affaires civiles et du sceau (*Journal officiel* du 15 mars 1890).

dressés par des agents déterminés et dans les formes indiquées par la loi. Il résulte de l'art. 9 du décret du 13 août 1889 que ces actes doivent être reçus par nos agents diplomatiques ou consulaires à l'étranger. Ils sont dressés en double exemplaire dont l'un est remis à l'intéressé et l'autre transmis au ministre de la justice par la voie hiérarchique.

Seuls, par conséquent nos agents diplomatiques ou consulaires sont compétents, pour recevoir ces déclarations. Une circulaire du 1er mars 1890 (1), adressée par le ministre des affaires étrangères à nos agents extérieurs, leur trace la marche qu'ils auront à suivre, dans la rédaction de ces actes : « les déclarations ou actes de soumission, qui peuvent d'ailleurs être faits par l'intéressé en personne, ou par mandataire spécial agissant en vertu d'une procuration authentique, seront inscrits sur le registre *ad hoc*, prévu par les circulaires du 24 mai 1875 et 29 février 1889 ; ils devront en outre être dressés en double exemplaire. Le déclarant sera assisté de deux témoins, de nationalité française si faire se peut, lesquels certifieront son identité ; il aura à produire les pièces indiquées dans chacun des modèles spéciaux (2). »

(1) *Revue pratique de droit internat. privé,* 1890-91, 3, p. 6.

(2) La circulaire continue en ces termes : « il est bien entendu qu'il n'est apporté aucune modification à l'état de choses antérieur, en ce qui concerne l'application de l'art. 3 de la convention Franco-Suisse du 23 juillet 1879. Dans les cas que prévoit cet acte, vous continuerez à recevoir, comme par le passé, les déclarations... » Or aux ter-

En donnant ainsi compétence aux agents diplomatiques ou consulaires pour recevoir ces actes de soumission, la loi semble avoir supposé que ces déclarations seront toujours faites à l'étranger. Il est vrai, en effet, que cela arrivera le plus souvent, le réclamant étant domicilié hors de France. Mais on peut très bien imaginer que cet individu soit venu s'établir en France, dans l'intervalle qui sépare le moment de sa majorité de l'expiration de sa vingt-deuxième année. Sera-t-il obligé dans ce cas de faire son acte de soumission devant les mêmes agents, ce qui va l'obliger à revenir à l'étranger ou tout au moins à se faire représenter par un mandataire spécial et authentique? Ne serait-il pas plus simple et plus avantageux de lui permettre de faire sa soumission en France? Certains auteurs l'ont pensé et ont cher_ché à suppléer au silence de la loi dans cette hypothèse. D'après eux, cette déclaration pourrait être reçue par le juge de paix du lieu où réside le réclamant. « La loi ne prévoit que le cas où, le jeune homme résidant à l'étranger, la soumission est faite

mes de cette convention de 1879, les individus dont les parents Français d'origine se sont fait naturaliser Suisses, et qui sont mineurs au moment de cette naturalisation, auront le droit de choisir, dans le cours de leur vingt-deuxième année, entre les deux nationalités. Mais leur déclaration d'option sera reçue par l'autorité municipale, française ou suisse, du lieu de leur résidence. Ce n'est qu'au cas où ils ne seraient domiciliés ni en France ni en Suisse qu'ils devraient faire leur déclaration devant les agents diplomatiques ou consulaires de l'un ou de l'autre État. Ces déclarations doivent toujours être transmises à la Chancellerie par l'intermédiaire du préfet pour les maires, et du ministre des affaires étrangères dans les autres cas.

hors de France, mais il est évident que si le domicile a déjà été transféré entre l'instant de raison où il a eu vingt et un ans et celui où il atteint l'âge de vingt-deux ans, la déclaration peut être reçue directement en France par le juge de paix (1). » Il est certain que cette manière de procéder simplifierait les choses, mais on se demande si on peut accepter cette interprétation en présence des termes formels du décret du 13 août 1889. Si l'on s'en tient uniquement au texte, les seuls agents compétents, à l'exclusion de tous autres, seraient les agents diplomatiques ou consulaires à l'étranger. Et ce qui semble bien indiquer qu'il faut s'en tenir à eux, c'est qu'on permet au réclamant de faire faire sa déclaration par un mandataire. Ce sera pour lui quelques frais supplémentaires et peut-être un retard dans l'accomplissement des formalités, mais en somme il n'aura pas à souffrir outre mesure de ces inconvénients peu graves.

II. — *Formes de l'acte de soumission.* — Les actes de soumission qui doivent être ainsi souscrits par l'individu qui se prévaut des dispositions de l'article 9 § 1ᵉʳ sont soumis à certaines formes, quant à leur rédaction. L'article 9 du décret du 13 août 1889 les indique : « il (cet acte de soumission) est dressé en double exemplaire, l'un est remis à l'intéressé, l'autre transmis immédiatement au ministre de la justice

(1) Rabany, *Revue générale d'administration,* 1890, t. I, p. 141, note 2.

par la voie hiérarchique. » Ces dispositions n'ont pas été modifiées par la loi de 1893, de sorte qu'elles régissent toujours la procédure en cette matière. L'art. 9 du décret du 13 août a été commenté et expliqué par la circulaire du ministre des affaires étrangères à nos agents extérieurs du 1er mars 1890 (1).

L'acte de soumission exigé par la loi est le point de départ, l'acte initial, de la procédure à suivre par celui qui réclame la qualité de Français. Il peut être souscrit par l'intéressé en personne, ou par un mandataire, muni d'une procuration spéciale et authentique. Cette exigence s'explique très facilement, en raison de l'importance de ces déclarations.

L'acte, dressé par un de nos agents diplomatiques ou consulaires, est inscrit sur un registre spécial. Il en est fait un double pour le déclarant, qui le retire contre récépissé. C'est pour lui une preuve qu'il a satisfait à la loi ; et cette preuve lui sera nécessaire, pour souscrire en France la déclaration de nationalité, devant le juge de paix. Il est en outre fait un autre exemplaire de la déclaration ; celui-ci est envoyé au Ministère de la justice par la voie hiérarchique ; c'est un moyen de publicité.

L'acte de soumission doit contenir les noms, prénoms, profession et domicile du déclarant ; ce dernier doit, en outre, indiquer les noms et prénoms de ses père et mère, leur domicile, enfin la date et le

(1) Voir p. 134.

lieu de leur naissance. Il devra, par suite, fournir les pièces justificatives à l'appui de ses dires, de manière à établir nettement ses droits à se prévaloir de l'art. 9 du Code civil. S'il ne peut pas faire cette preuve, on refusera de lui laisser souscrire l'acte de soumission. C'est un moyen d'éviter les contestations et les conflits qui auraient pu se produire par la suite. Sans doute il arrivera bien quelquefois qu'une déclaration sera faite irrégulièrement, par un individu n'ayant pas qualité pour la faire, parce qu'il aura surpris la bonne foi de l'agent chargé de la recevoir. Mais ces cas seront assez rares dans la pratique, si on se livre à un examen attentif des pièces et justifications fournies.

En outre de la production de ces pièces, le déclarant doit encore se faire assister de deux témoins, qui viennent attester son identité et ses déclarations. L'acte de soumission doit contenir les noms, prénoms, qualités et domiciles de ces témoins. Mais quelles conditions doivent-ils réunir? La loi ne s'est pas expliquée sur ce point, et en présence de ce silence, il convient de croire qu'on ne devra exiger d'eux que les qualités requises habituellement des témoins aux actes de l'état civil. La circulaire du ministre des affaires étrangères n'a fait la lumière que sur un seul point : on choisira de préférence pour assister le déclarant deux personnes de nationalité française. Mais ce n'est pas indispensable, car la circulaire ajoute aussitôt « si faire se peut ». Il

arrivera souvent, en effet, que le réclamant ne con-
naîtra pas de Français dans le pays où il se trouvera; dans ce cas, on acceptera très bien des témoins
de nationalité étrangère.

Telles sont les formes dans lesquelles doivent être
faits ces actes de soumission. Déjà avant la loi de
1889 on avait l'habitude de dresser des actes de
cette sorte. Mais à ce moment-là ils avaient une
importance capitale. L'individu qui les faisait régulièrement se trouvait aussitôt Français à la seule condition de transporter son domicile en France, dans
l'année qui suivait. Toute la procédure des déclarations de nationalité se bornait à cet acte, qui devait
être inscrit sur les registres civiques tenus dans
les mairies, et, par suite, dressé par les maires (1).
Depuis la loi de 1889, leur importance a beaucoup
diminué à cause de la déclaration que le réclamant
doit souscrire ensuite devant le juge de paix. Ce ne
sont plus aujourd'hui que des actes préliminaires,
dont l'utilité même peut paraître douteuse. Ne
serait-il pas suffisant d'exiger la déclaration devant
le juge de paix et l'enregistrement prévus par l'article 9 du Code civil, avec la preuve du transfert de
domicile? On ne voit pas de bonnes raisons pour le
maintien de cette formalité, dont la suppression
aurait au moins pour effet de simplifier la procédure.

Quoi qu'il en soit, la loi est formelle et doit être
exécutée strictement. Il est donc nécessaire que

(1) Weiss, p. 99, — Le Sueur et Dreyfus, p. 110.

cette déclaration soit faite régulièrement. Avant
1889, la jurisprudence avait déjà décidé qu'elle
devait être faite par un acte exprès, et que rien ne
saurait la suppléer. On avait même déclaré que le
fait d'avoir contracté un engagement dans les armées
françaises ne pouvait pas lui servir d'équivalent (1).
Certaines décisions sont peut-être plus explicites
encore, c'est ainsi qu'un jugement du tribunal de
Lille, du 1er octobre 1872 (2) exige que la preuve
de l'accomplissement de ces formalités soit faite
par acte authentique. « Attendu, dit ce jugement...
qu'il ne saurait être suppléé par aucun équivalent à
la déclaration exigée par la loi, laquelle ne peut
être constatée que d'une *manière authentique.* »
Ces exigences se comprenaient d'autant mieux, à
cette époque, que ces actes avaient une importance
beaucoup plus grande.

III. — *A quelle époque doit être fait cet acte de
soumission?* — Le fils d'étranger, né en France, qui
réclame la nationalité française en vertu de l'art. 9
du Code civil, doit faire soumission de fixer son domicile en France avant l'expiration de sa vingt-deuxième
année. « Tout individu né en France d'un étranger
pourra, jusqu'à l'âge de 22 ans accomplis, faire sa
soumission... » dit l'art. 9. La loi de 1889 a mis fin
ainsi à une grosse controverse, qui avait divisé la

(1) Cass. 8 juill. 1846. D. 46, 1, 263.
(2) Rapporté par de Folleville, *Traité de naturalisation*, p. 667.

doctrine et la jurisprudence, sous la législation antérieure. Nous avons eu déjà occasion de signaler
cette question, et, bien qu'elle soit aujourd'hui définitivement tranchée, il n'est pas sans intérêt de rappeler rapidement les diverses opinions qui s'étaient
fait jour en cette matière.

L'ancien art. 9 du Code civil permettait de souscrire l'acte de soumission pendant l'année qui suivait la majorité du réclamant, sans indiquer si l'on
devait tenir compte de l'âge fixé par la loi française pour déterminer cette majorité, ou, au contraire, s'il fallait s'en rapporter à la loi étrangère.

Dans un premier système, on soutenait que la
majorité devait être réglée d'après les principes du
Code civil (1) en la matière : La loi du 20 septembre
1790, disait-on, a fixé à vingt et un ans l'âge de la
majorité en France. Par suite, toutes les lois postérieures relatives à la majorité ont dû se référer à
cette dernière. Puis, on opérait un rapprochement
entre l'article 2 de la constitution du 22 frimaire
an VIII, aux termes duquel « tout homme né et
résidant en France, qui, âgé de 21 ans accomplis,
s'est fait inscrire... est citoyen français, » et l'article
9 du Code civil. On voyait dans cet article 9 la repro-
duction, à peu près exacte, de l'article 2 de la loi de
frimaire, et on en concluait que le législateur n'avait

(1) Cass. belge, 6 fév. 1878, S. 79, 2, 265. — 8 avril 1878. Pas.
belg. 78, 1, 110, 12 mai 1878, Pas. 78, 1, 398. — Aubry et Rau, I,
§ 70, p. 237. — Duranton, I, n° 129. — Magnin, *Traité des mino-
rités*, I, p. 4. — Delvincourt, I, p. 13.

pas eu l'intention d'innover sur ce point. Certains arrêts avaient d'ailleurs fait application de cette théorie. On trouve notamment dans un arrêt de la Cour de cassation, du 19 août 1844 (1), qui statuait sur l'application de l'art. 2 de la loi de frimaire an VIII, la confirmation évidente de cette manière de voir : « cet article 2, lisons-nous dans cet arrêt, n'a pas été abrogé ; loin de là, il a été confirmé par l'article 9 du Code civil. » Un autre arrêt, du 20 juin 1888 (2), tirait argument dans le même sens des textes postérieurs au Code civil : « il résulte expressément de l'ensemble de nos lois relatives à la naturalisation des étrangers (constitution du 22 frimaire an VIII, art. 3 — lois des 3 et 11 décembre 1849, et du 29 juin 1867, sénatus-consulte du 14 juillet 1865, — décrets des 25 mai 1881 et 10 novembre 1882), affirmait la Cour de cassation, que ceux-ci (les étrangers rentrant dans la catégorie de l'art. 9) sont indistinctement admis, à partir de 21 ans accomplis, à demander et obtenir la qualité de Français (3)... »

On invoquait encore les lois des 7 février 1851, 16 décembre 1874, 27 juillet 1872 art. 9, 14 février 1882, dans lesquelles la majorité dont parle le législateur serait manifestement celle de la loi française.

(1) Dalloz, v° *Droit civil*, n° 128, note 1.
(2) Cass., 20 juin 1888, S. 1888, 1, 300.
(3) La Cour d'appel d'Amiens, saisie comme cour de renvoi après l'arrêt du 20 juin 1888, a décidé comme la Cour de cassation qu'il fallait suivre la majorité déterminée par la loi française, 23 mai 1889.

Dans un deuxième système, on proposait au contraire de déterminer la majorité d'après la loi nationale de l'individu. On se fondait d'abord sur le sens grammatical de l'art. 9, où se trouvaient ces mots : *sa majorité*. Or, disaient les partisans de ce système, il ne peut s'agir là que de la majorité déterminée par la loi étrangère. Si on avait dû fixer la majorité d'après la loi française, le législateur n'aurait pas dit *sa majorité*, attendu que le réclamant ne sera soumis à la loi française qu'après être devenu Français. Jusqu'à ce moment, il doit être régi par sa loi nationale (1). On interprétait ici l'art. 9 du Code civil par l'article 3 de la constitution de frimaire an VIII. En outre on s'appuyait sur ce principe, que l'étranger devait être régi par son statut personnel, jusqu'au moment où il avait changé de nationalité ; aucune loi postérieure au Code n'ayant modifié la législation à cet égard.

L'inconvénient capital de ce système, c'est que les lois étrangères ne concordaient pas toujours avec la loi française, quant à la détermination de l'âge de la majorité. Il pouvait arriver, notamment, que le réclamant, d'après sa loi nationale, fût majeur avant vingt et un ans. Il aurait souscrit sa déclaration de nationalité, pour devenir Français, puis aussitôt cette

(1) Trib. Seine, 1er déc. 1883, Clunet, 1884, p. 395. — Paris, 1er déc. 1885, Clunet, 1886, p. 96. — Valette, *sur Proudhon*, t. I, p. 180, note *a*. — Marcadé, art. 9, n° 2. — Fœlix, *Revue de droit français*, t. II, p. 339, note 2. — Despagnet, p. 136.

qualité acquise, il serait redevenu mineur par l'effet de la loi française.

Pour parer à cet inconvénient, on imagina un troisième système, en essayant de combiner les deux premiers. On proposa de retarder jusqu'à l'âge de vingt et un ans l'accomplissement des formalités exigées par la loi, toutes les fois que l'individu serait majeur d'après sa loi nationale avant l'âge fixé par la loi française (1). De cette façon, le réclamant aurait réuni les deux majorités au moment de faire sa déclaration.

Telle était la situation avant la loi de 1889. Cette loi a mis fin à toutes ces controverses. Elle a consacré le système, qui avait prévalu à la Cour de cassation, en décidant qu'il faudrait toujours régler la majorité d'après la loi française. C'est ce qui résulte clairement des termes de l'art. 9 § 1er : « tout individu né en France pourra jusqu'à l'âge de *22 ans accomplis...*; » et de son deuxième alinéa : « S'il est âgé de moins de *21 ans accomplis...* » Il ne peut donc plus y avoir de doute sur ce point (2).

Cette disposition de la loi de 1889 a été vivement combattue par plusieurs auteurs (3). Il est certain

---

(1) En ce sens, Douai, 20 février 1868, S. 1868, 2, 146.—Weiss, *Traité élém. de droit int. privé*, p. 41. — Cogordan, p. 79.

(2) M. Dubost a dit expressément au cours des travaux préparatoires (2ᵉ *Rapport supp. à la Ch. des députés*, session ord. 1889, nᵒ 3560), « toutes les fois qu'il s'agira, dans la loi votée, de la majorité, on entendra par là la majorité telle qu'elle est fixée par la loi française.

(3) Notamment Weiss, *Etude sur la proposition de loi sur la nationalité au Sénat*, p. 27.

qu'il eut été plus logique de s'en référer à la loi nationale de l'étranger, pour déterminer l'époque de
sa majorité. Car jusqu'à ce qu'il soit devenu Français, il devrait être régi par son statut personnel. Si
le législateur de 1889 s'est prononcé pour la majorité réglée d'après la loi française, c'est qu'il a eu
plus particulièrement en vue les avantages pratiques
qui résultaient de cette solution. On supprimait ainsi
de nombreuses difficultés, et comme la loi tendait
surtout à ce but, on n'a pas hésité à sacrifier quelques principes de droit, pour arriver à une application plus facile et plus sûre de la loi.

II

Etablissement du domicile en France dans l'année qui suit l'acte de soumission.

La seconde condition imposée par la loi à celui
qui réclame la qualité de Français, en vertu de l'art. 9,
c'est de transférer son domicile en France, dans
l'année qui suit son acte de soumission. C'est ce qui
résulte de l'article 9 § 1er : « Tout individu né en
France d'un étranger et qui n'y est pas domicilié à
l'époque de sa majorité, pourra, jusqu'à l'âge de
vingt deux ans accomplis, faire sa soumission de fixer
en France son domicile et s'il l'y établit, dans l'année
à compter de l'acte de soumission... »

Dans quel délai le réclamant est-il tenu d'avoir
transporté son domicile en France ? Aux termes de

l'article 9, il a une année, à compter de sa première déclaration. Mais comme il peut faire cette déclaration pendant toute la durée de sa 22ᵉ année, il peut très bien arriver qu'il attende au dernier moment. Par suite, il aura encore un an, pour opérer la translation de son domicile, et faire sa déclaration d'option. Le délai accordé par le législateur, va donc se trouver ainsi prorogé d'un an, ont dit certains autenrs, jusqu'à l'expiration de la 23ᵉ année du déclarant. C'est là un résultat inadmissible, car la pensée du législateur était de faire accomplir toutes les formalités, avant l'expiration de la 22ᵉ année ». C'est ce qu'a soutenu notamment M. Vincent (1) en se basant sur les travaux préparatoires de la loi de 1889. Si on suit fidèlement, dit-il, les modifications subies par la rédaction de l'article 9, on voit que jamais le législateur n'a entendu porter au-delà de la vingt-deuxième année, le droit d'acquérir la qualité de Français, pour l'individu né en France d'un étranger ; les mots : *jusqu'à vingt-deux ans*, n'ont été substitués à ceux : *dans l'année de sa majorité*, figurant dans le texte de l'ancien article 9, que pour bien marquer qu'il s'agissait de la majorité telle qu'elle est réglée par la loi française ; quant au délai pour user du bénéfice de la loi, il n'a jamais été question de le reculer ; la proposition de loi adoptée par le Sénat en 1887 portait que tant les domiciliés, que les non domiciliés, pourraient « réclamer la qualité

(1) Vincent, *Lois nouvelles*, p. 834, n° 100.

de Français jusqu'à l'âge de 22 ans accomplis ». Ainsi toutes les formalités devaient être parfaites avant cet âge ; de même, quand, après la distinction entre les domiciliés et les non domiciliés, l'article 9 ne visa plus que ces derniers, le projet de la commission (1) déclarait que la réclamation de la qualité de Français devait avoir lieu avant 22 ans accomplis. Mais il faut bien remarquer, et M. Vincent lui-même le reconnaît, que le texte fut modifié, et la phrase en quelque sorte retournée. Il n'y a là, dit il est vrai M. Vincent, qu'une inadvertance de rédaction, dont il ne faut pas tenir compte.

Cependant cette opinion n'est pas celle de la majorité des auteurs (2). Et ce ne fut pas non plus celle du garde des sceaux ; car dans sa circulaire du 28 août 1893, aux Procureurs Généraux, il s'exprime ainsi : « la déclaration de l'article 9 peut-être souscrite, jusqu'à l'âge de *vingt-trois ans accomplis*. La loi accorde en effet à l'intéressé un premier délai qui expire avec sa vingt-deuxième année, pour souscrire l'acte de soumission, et la date de cet acte marque le point de départ d'un second délai d'un an, pour l'établissement effectif du domicile en France et pour la déclaration en vue d'acquérir la nationalité française. »

Il est vrai, qu'au cours des travaux préparatoires,

(1) Annexe au rapport de M. Antonin Dubost du 7 nov. 1887, *Journal officiel*, 1887, annexes, p. 231, n° 2083.

(2) En sens contraire Weiss, p. 104, — Cogordan, p. 83. — Le Sueur et Dreyfus, p. 135.

la rédaction de l'article 9 a été modifiée, tant par le Sénat que par la Chambre. La rédaction première semblait bien indiquer l'idée de limiter à 22 ans accomplis, le délai accordé au réclamant. Comment cette modification a-t-elle été apportée au texte ? Il est assez difficile de le savoir. On a voulu y voir, quelquefois, une erreur de rédaction.

Quoi qui'l en soit, il faut prendre le texte tel qu'il est. Et il semble bien difficile de lui donner une autre signification que celle qui en découle naturellement, et qui a été d'ailleurs adoptée par l'administration. C'est ce qui résulte, en effet, de la circulaire du garde des sceaux du 28 août 1893.

On peut d'ailleurs invoquer en faveur de cette solution d'autres arguments, qui ont bien une certaine importance. Les mots *jusqu'à 22 ans*, qui se trouvent dans l'article 9, ne se rapportent pas à la déclaration acquisitive de la nationalité française, comme le prétend M. Vincent, mais au contraire à l'acte de soumission qui précède cette déclaration.

Il y a un avantage certain à accorder un délai assez long, entre l'acte de soumission et le transfert du domicile. Il peut arriver en effet que l'étranger, qui se prévaut de l'article 9 habite un pays très éloigné de la France. Ce serait, en pareil cas, demander l'impossible, s'il n'a fait sa soumission qu'à la fin de la 22e année, (ce qui est son droit absolu) que de l'obliger à fixer son domicile sur notre territoire avant la fin de cette même année. Le délai d'un an, que la loi lui accorde, pourra lui être très utile pour régler ses affaires dans le pays qu'il quitte. Il aura aussi le moyen de réfléchir mûrement à la décision qu'il prend, et pourra au besoin abandonner un projet conçu peut-être à la légère.

Il faut bien reconnaître aussi, qu'en fait, le délai accordé par l'article 9 se trouvera souvent diminué, au moins pour les hommes. En effet celui qui se prévaut de l'art. 9, et qui a fait son acte de soumission doit être porté sur les listes de recrutement en France. Venu en France après 21 ans, c'est-à-dire étant encore en situation de bénéficier du double délai de l'art. 9 mais avant 22 ans, il sera compris dans la classe dont la formation se place entre ces deux dates, en vertu de l'article 11 § 2 de la loi sur le recrutement du 15 juillet 1889. De ce fait il se trouvera aussitôt placé dans l'alternative prévue par le § 11 de l'article 9 du code civil. S'il ne proteste pas contre son inscription, il devient Français, si au contraire il réclame la qualité d'étranger, il est déchu du bénéfice de l'art. 9.

Quant au domicile, dont parle ici l'article 9, il est tout évident qu'il faut l'entendre au sens propre du mot. Ce que veut la loi, c'est que l'étranger né en France, qui jusqu'ici a habité hors de notre territoire, et qui réclame la qualité de Français, vienne se fixer sur le sol de sa nouvelle patrie. C'est pour lui un moyen efficace de prouver son attachement, que d'y transporter le centre de ses affaires, de ses affections et de ses intérêts.

III

Déclaration acquisitive de la nationalité française devant le Juge de paix

Cette formalité est une innovation de la loi de 1889, l'ancien article 9 du code civil n'en parlait pas. Il suffisait à ce moment de faire un acte de soumission, et de fixer son domicile en France, pour devenir Français. Cette innovation de la loi de 1889, qui d'ailleurs a été confirmée par la loi de 1893, a-t-elle été heureuse? M. Cogordan prétend qu'elle présente un grand avantage : « d'après le texte ancien, on ne pouvait savoir, dit-il, si une déclaration faite par un étranger avec soumission d'établir son domicile en France portait ses effets juridiques, avant d'avoir vérifié si le domicile avait vraiment été transféré. Aujourd'hui la déclaration n'est reçue qu'après le transfert du domicile, elle a donc un caractère irrévocable » (1). Il y a certainement là un avantage sérieux, mais cette déclaration enlève, à l'acte de soumission qui la précède, à peu près toute son importance.

Voyons donc en quoi consiste cette déclaration, dans quelles formes et devant qui elle doit être faite.

I. — *Formes de la déclaration.* — Cette déclaration

_____

(1) Cogordan, p. 82.

consiste, pour l'individu qui se prévaut de l'article 9 du code civil, à réclamer d'une manière expresse la qualité de Français, en prouvant qu'il réunit les conditions légales, et qu'il a bien accompli les formalités antérieures. Les formes de ces déclarations sont réglementées par le décret du 13 août 1889, art. 6, 7 et 8. L'article 6 est ainsi conçu : « les délarations souscrites soit pour acquérir, soit pour répudier la qualité de Français sont reçues par le juge de paix du canton, dans lequel réside le déclarant. Elles peuvent être faites par procuration spéciale et authentique. Elles sont dressées en double exemplaire sur papier timbré. Le déclarant est assisté de deux témoins qui certifient son identité. Il doit produire à l'appui de sa déclaration toutes les justifications nécessaires, en y joignant son acte de naissance, et le cas échéant son acte de mariage et les actes de naissance de ses enfants mineurs, avec la traduction de ces actes, s'ils sont en langue étrangère. En cas de résidence à l'étranger, les déclarations sont reçues par les agents diplomatiques ou les consuls ».

Ce dernier paragraphe ne se rapporte pas aux déclarations souscrites en conformité de l'article 9-1°. Celles-ci ne sauraient être faites devant ces agents extérieurs. Cela s'explique facilement : car elles doivent avoir lieu après le transfert en France, du domicile du déclarant. Or, après avoir transporté son domicile en France, il est probable qu'il n'ira pas

souscrire sa déclaration à l'étranger. Il faut d'abord
qu'il justifie de l'établissement réel de son domicile ;
cette preuve lui sera plus facile à faire en France
que partout ailleurs. Il n'y aurait qu'au cas où l'intéressé serait obligé d'accomplir un voyage, avant
d'avoir satisfait à la loi, qu'il aurait avantage à faire
la déclaration devant nos agents diplomatiques ou
consulaires, si son retour ne devait avoir lieu qu'après
l'expiration du délai légal. Mais ce cas sera bien
rare dans la pratique. La disposition finale de l'art.
6 vise plutôt les individus que la loi déclare Français, sauf faculté de répudiation, et qui, au moment
de leur majorité, se trouvent domiciliés hors de
France.

C'est devant un juge de paix que doivent être faites
les déclarations d'option en conformité de l'art. 9.
Ces magistrats ont été substitués aux officiers de
l'État civil, qui recevaient autrefois les actes de soumission en vue d'acquérir la nationalité française (1).
On a estimé avec raison que dans la plupart des cas,
ils seraient plus aptes à apprécier la régularité des
pièces fournies, par le réclamant, et l'exact accomplissement des formalités, exigées par la loi.
Tout individu, qui invoque l'art. 9, doit donc se
présenter au juge de paix du canton dans lequel il

(1) Les magistrats cantonaux ont paru plus compétents que la
majorité des maires dans une matière d'ordre essentiellement juri-
dique, qui soulève parfois de délicates questions d'interprétation et
d'application Décret du 13 avril 1889.

s'est établi. L'article 6 du décret du 13 août 1889
emploie, à ce sujet, une expression qui peut paraître
inexacte. Il parle en effet du juge de paix du canton
où *réside* le déclarant. Ne s'agit-il pas ici du lieu du
domicile ? et non pas de celui de la résidence. Il eut
été préférable en effet de dire devant le juge de paix
du canton où « *il est domicilié* ». Mais il ne saurait y
avoir de difficultés à ce sujet, car la loi est assez précise par ailleurs, pour qu'on puisse facilement l'interpréter. Il faut bien reconnaître aussi, comme le
fait remarquer M. Vincent, que « si le décret parle
de résidence dans son article 6, c'est que cet article
s'applique, non seulement aux déclarations souscrites pour acquérir la nationalité française, mais
encore aux actes de répudiation qui peuvent être
faits par des individus, non domiciliés en France,
lesquels peuvent même s'adresser aux agents diplomatiques ou consulaires à l'étranger » (1). Il est bien
certain qu'il ne saurait être question du lieu de la
résidence, pour l'individu qui nous occupe, puisqu'il
a dû transporter son domicile en France, d'une manière effective avant de faire sa déclaration. Il est
en effet de règle que la résidence ne supplée le domicile, au point de vue des conséquences juridiques,
que dans une vue d'utilité, lorsque le domicile est
incertain, ou qu'il est inconnu.

C'est donc le juge de paix du canton, où le requé-

---

(1) Vincent, *Lois nouvelles*, 1889, p. 836, n° 103.

rant a son domicile qui devra recevoir sa déclaration.

Ces déclarations, de même que les actes de soumission, peuvent être faites par le déclarant luimême, ou par un mandataire muni d'une procuration spéciale et authentique. Une circulaire du 28 août 1893, concernant l'application de la loi du 22 juillet 1893, rappelle dans quelles formes doivent être dressées les déclarations, et maintient, sur de nombreux points, les dispositions du décret du 13 août 1889.

Ces déclarations doivent être dressées sur papier timbré et en double exemplaire (1).

Le déclarant doit être assisté de deux témoins, qui certifient son identité. Mais la loi n'indique pas quelles conditions devront réunir ces témoins. Il convient donc ici encore de s'en référer, par analogie, aux règles établies par le code civil, pour les témoins aux actes de l'état civil. Par conséquent, tout individu de l'un ou de l'autre sexe, pourvu qu'il soit âgé de 21 ans acomplis, pourra servir de témoin, à moins qu'il ne se trouve frappé d'une des incapacités créées par la loi. Il importera même très peu que ces témoins soient français ou étrangers (2). En

(1) Un récépissé doit être remis au déclarant constatant qu'il a souscrit telle déclaration à telle date. Mais afin de prévenir les abus possibles, ce récépissé énoncera expressément qu'il n'est valable que pour deux mois, et qu'à l'expiration de ce délai il sera considéré comme nul et non avenu et que la preuve de la déclaration ne pourra résulter que de l'acte lui-même, revêtu de la mention de l'enregistrement. (*Circulaire du ministre de la Justice*, 28 août 1893, p.5).

(2) Contra Le Sueur et Dreyfus.

effet, si au moment de l'acte de soumission, on demande de préférence des témoins Français, c'est pour s'assurer davantage de la garantie morale que présente le réclamant. Nos agents diplomatiques ou consulaires devront avoir plus de confiance dans le témoignage de leurs concitoyens, qu'en celui d'étrangers, qu'ils ne connaissent absolument pas. On estime, dans ce cas-là, que l'assertion d'un Français doit avoir plus de poids que celle d'un étranger. Mais la situation change lorsqu'il s'agit de la déclaration acquisitive de nationalité. Voilà un individu qui est récemment établi en France, et par suite très peu connu des gens au milieu desquels il vit. Il y aura donc tout intérêt à lui permettre de se faire assister par des témoins étrangers, au cas où la chose serait possible. Ceux-ci, en effet, le connaîtront suffisamment, pour que leur témoignage offre les garanties désirables. Mais il arrivera rarement que le déclarant puisse faire attester son identité par des témoins étrangers. Il n'aura guère que ses parents, pour remplir cet office, dans la plupart des cas. On ne devra pas hésiter à les accepter, car que se produira-t-il si on les refuse? C'est que l'intéressé, trouvera bien deux personnes complaisantes, qui consentiront à lui prêter leur concours, et à attester ce qu'elles ignoreront parfaitement (1).

(1) Au contraire de ce qui se passe dans la naturalisation ordinaire: le déclarant n'a aucune perception à acquitter, seul le timbre reste à sa charge. Le greffier de la justice de paix, qui en fait, rédige la déclaration ne peut réclamer de vacation ; s'il prête son concours c'est

II. *Pièces justificatives à fournir.* — Aux termes de la déclaration modèle 1, que doit souscrire devant le juge de paix, l'individu né en France de parents étrangers et non domicilié en France, celui-ci doit fournir à l'appui de sa déclaration plusieurs pièces justificatives. C'est tout d'abord son acte de naissance. Par le simple examen de cet acte, le juge de paix pourra se rendre compte, si le déclarant remplit bien les conditions légales de l'article 9. Il verra s'il est bien réellement né en France, si son père était étranger, enfin si l'acte de soumission a bien été souscrit dans le courant de la 22e année.

En second lieu le comparant représentera l'acte de mariage de ses père et mère, et si cet acte a été dressé en langue étrangère, il devra en rapporter la traduction. Cette pièce permettra au juge de paix de vérifier les noms, les lieux de naissance et de domicile des père et mère du déclarant. C'est pourquoi, si cet acte ne contenait pas tous les renseignements nécessaires à ce sujet, l'intéressé devrait produire les actes de naissance de ses père et mère.

Le réclamant produira en outre au juge de paix un exemplaire de l'acte de soumission, qu'il a dû souscrire déjà et qui a été fait en double exemplaire, dont l'un pour lui et l'autre pour le ministère de la Justice.

volontairement et à titre officieux, sa présence n'étant prescrite ni par le décret du 13 août 1889, ni par les circulaires ministérielles. (*Journal des greffiers de justice de paix*, année 1889, p. 371).

En quatrième lieu, l'individu qui réclame la qualité de Français, devra fournir un extrait de son casier judiciaire. Cette pièce a une importance capitale, au point de vue de l'enregistrement de la déclaration, ainsi que nous le verrons par la suite. (1)

Enfin, bien que le modèle de déclaration ne le mentionne pas expressément, on reconnaît généralement que le déclarant doit présenter un document constatant qu'il à bien réellement établi son domicile en France, dans le courant de l'année qui a suivi son acte de soumission. Et s'il est marié et qu'il ait des enfants mineurs, il joindra à son dossier son acte de mariage et les actes de naissance de ses enfants mineurs.

IV

Enregistrement de la déclaration au ministère de la Justice.

Toutes les déclarations en vue d'acquérir la nationalité française, en vertu des dispositions de l'art 9 du code civil, de même que les déclarations qui ont pour objet de répudier cette qualité dans les cas de

(1) Une décision du ministre des finances, en date du 10 mai 1890, conforme aux propositions de la direction générale de l'enregistrement, porte que du moment que la loi nouvelle ne contient aucune exemption de droits, pour les pièces dont il s'agit, la règle générale doit recevoir son application. Il suit de là que les pièces rédigées en France doivent être dressées sur papier timbré (loi du 13 brumaire, an VII, art. 12) et que celles qui ont été délivrées à l'étranger doivent être soumises à la formalité du timbre, avant qu'il en soit fait usage en France (loi 13 brumaire an VII, art. 13).

l'article 8, § 3 et 4, doivent être enregistrées au ministère de la justice. L'article 7 du décret du 13 août 1889, réglait cette formalité de la manière suivante : « les deux exemplaires de la déclaration et les pièces justificatives sont immédiatement adressés par le juge de paix au Procureur de la République qui les transmet sans délai, au ministre de la Justice (1). »

La loi de 1893 a sur ce point, modifié d'une façon importante, la loi de 1889, tout en la complétant. Cette dernière avait prescrit l'enregistrement de ces déclarations, mais elle avait omis de sanctionner le le défaut d'accomplissement de cette formalité. Quelques auteurs, se fondant sur le caractère novateur de la loi de 1889, avaient bien soutenu qu'il fallait voir, dans cet enregistrement, une condition essentielle de la validité de ces déclarations (2). Mais cet avis ne prévalut ni dans la doctrine, ni dans la jurisprudence, et l'opinion contraire fut généralement acceptée.

Le garde des sceaux, dans sa circulaire du 23 août 1889, estimait « que l'enregistrement n'était qu'une simple formalité administrative, dont l'omission n'empêchait pas la déclaration de produire tous ses effets. »

(1) La circulaire de 28 août 1893 prescrit aux chefs de parquet d'adresser tous les mois du 1er au 10 de chaque mois, au ministre de la justice, un état indiquant par ordre de date les déclarations de nationalité, reçues par les juges de paix du ressort.

(2) Weiss, p. 112. — Le Sueur et Dreyfus, p. 122.

La jurisprudence s'était rangée au même avis
et dans de nombreuses décisions (1) avait développé
et soutenu la théorie suivante : la loi du 26 juin 1889
se borne à prescrire l'enregistrement des déclarations, au ministère de la Justice. C'est là une simple
formalité administrative. En effet, si on accorde au
ministre la faculté de refuser l'enregistrement, il va
en résulter un préjudice pour le déclarant. Celui-ci
obtiendra alors la qualité de Français par la concession que lui en fera le gouvernement, et non en
vertu du droit qui lui est cependant accordé par la
loi. Le système de la concession par décret, appliqué même à l'enfant d'un ex-Français, avait été ori-
ginairement adopté par le Sénat, qui craignait de
voir profiter à un étranger indigne, quelquefois même
à un étranger hostile, la faculté d'acquérir la qualité de Français, par la simple soumission de fixer
son domicile en France, suivie de l'établissement
effectif de ce domicile (2). Le système a été complètement abandonné, et il n'y faudrait pas retourner
d'une façon indirecte. Le ministre ne doit donc pas
être juge du mérite de la déclaration à enregistrer.
« Dans le cas où une déclaration ne me paraîtra pas
souscrite dans les conditions régulières, dit le ministre dans sa circulaire du 23 août 1889, l'intéressé

---

(1) V. notamment Lille, 3 avril 1890, *Revue pratique de droit
international privé*, 1890-91, I, p. 39. — Cass. 26 oct. 1891. Sirey,
1891, I, 537.

(2) Rapport de M. Batbie au Sénat du 4 nov. 1886, *Journ. off.
doc. parl.*, de déc. 1886, p. 373.

en sera avisé et il pourra, s'il le juge à propos, faire trancher la question par les tribunaux, *souverains juges en matière de questions de nationalité.* » La Chancellerie n'est investie que d'un moyen de contrôle, suivant l'expression employée par le rapporteur de la loi, devant le Sénat (1). C'est l'autorité judiciaire, qui doit décider, en cas de conflit. Si la justice saisie, après un refus d'enregistrement opposé par le ministre, décide que la déclaration était irrégulière, et que le ministre avait refusé à bon droit l'enregistrement, le déclarant n'aura jamais été Français ; si, au contraire, les tribunaux décident que la déclaration a été régulière et que le ministre a eu tort d'en refuser l'enregistrement, le déclarant aura la qualité de Français du jour de sa déclaration, car l'enregistrement est purement et simplement une mesure d'ordre et non une condition nécessaire à l'efficacité de la déclaration de nationalité. C'est du moins ce qui semble résulter d'un arrêt de la Cour de Douai du 6 décembre 1890 (2), maintenu sur pourvoi par la Cour suprême. En termes très nets, la Cour de Douai décide que la qualité de Français résulte de la déclaration souscrite par l'intéressé. Ainsi, sans qu'il soit besoin d'enregistrement, la déclaration emporte acquisition de la qualité de Français, si d'ailleurs elle est régulièrement faite.

A cette théorie on objectait que le décret du 13 août

(1) *Journ. officiel, doc. parl.*, déc. 1889, p. 234.
(2) Sirey, 1891, I, 538.

1889 contient une disposition qui paraît contraire à
celle solution. En effet dans ses articles 6, 7, et 8, ce
décret prescrit les formalités relatives à ces déclarations de nationalité, et décide, dans son article 8,
que « la *déclaration enregistrée prend date du jour de
la réception par le juge de paix.* » Si l'enregistrement, disait-on, n'est qu'une pure formalité, que
signifie cette disposition ? Pourquoi prendre soin de
faire remonter l'effet de la déclaration au jour de sa
réception, si déjà l'acquisition de la qualité de
Français est consommée et parfaite, indépendamment
de l'enregistrement ? Le décret du 13 août 1889 a
été rédigé, dans la pensée que cet enregistrement
était une véritable condition nécessaire à l'efficacité
de la déclaration ; ainsi s'explique, que l'article 8 de
ce décret ait fait rétroagir la *déclaration enregistrée*,
au jour de la réception par le juge de paix. Mais
répondaient les partisans du système adopté par la
jurisprudence, l'argument tiré de l'article 8 n'est
pas décisif ; la disposition du décret qui fait rétroagir
l'effet de la déclaration enregistrée, au jour de la
réception, par le juge de paix, démontre précisément
que c'est la déclaration elle-même, qui est le principe de l'acquisition de la nationalité, en dehors
même de l'enregistrement.

Telle est, dans son ensemble, la théorie qui avait
été le plus généralement soutenue sur le rôle de
l'enregistrement des déclarations de nationalité,
prescrit par la loi du 26 juin 1889.

11

Il résultait de cette interprétation, que la loi de 1889 manquait absolument son but. Il suffit, pour s'en convaincre, de se reporter aux travaux préparatoires de la loi de 1893. On lit en effet dans l'exposé des motifs : « Il (le législateur de 1889) a prescrit l'enregistrement au ministère de la justice, des déclarations effectuées en conformité de l'article 9 du Code civil. Cette prescription devait avoir pour résultat, d'écarter les déclarations mal fondées, et dont la réception n'avait d'autre effet que d'induire les déclarants en erreur, sur leur nationalité véritable; elle devait assurer, en outre, la centralisation des déclarations jusqu'alors disséminées dans toutes les communes de France et dont nul, en dehors de l'intéressé et d'un cercle de personnes très restreintes, ne pouvait avoir connaissance. » On faisait remarquer, en outre, que pour obtenir ces résultats, il fallait apporter une très grande exactitude dans l'accomplissement de cette formalité. La jurisprudence, au contraire, avait pensé qu'il s'agissait là, d'une formalité purement administrative, dont l'absence ne pouvait pas porter atteinte à l'exercice d'un droit conféré par la loi.

C'est pour remédier aux inconvénients qui résultaient de cette interprétation, que lors de la loi de 1893, on proposa de faire de cette formalité de l'enregistrement, une formalité substantielle, dont l'omission vicierait irrémédiablement la déclaration de nationalité. On proposa alors de prescrire l'en-

registrement à peine de nullité, en accordant au
gouvernement le droit de le refuser dans certains
cas. La commission du Sénat modifia légèrement le
projet qui lui avait été soumis. Tout en acceptant en
principe de sanctionner le défaut d'enregistrement
par la nullité de la déclaration, on se préoccupa de
délimiter d'une manière précise, les cas dans lesquels
le Gouvernement aurait le droit de refuser l'enregistrement des déclarations. Ces cas furent groupés en
deux catégories, et on décida que l'enregistrement
pourrait être refusé, toutes les fois que les conditions
exigées par la loi n'auraient pas été strictement
accomplies; et dans le cas aussi où l'individu qui
réclamerait la qualité de Français paraîtrait indigne
de devenir national de notre pays. Ce projet de loi
fut soutenu par MM. Delsol rapporteur et Falcimaigne
commissaire du gouvernement, mais il fut très vivement combattu par M. Thézard. Malgré les critiques
dont il fut l'objet, il fut adopté et la loi du 22 juillet
1893 fut alors votée, apportant sur ce point une
modification très importante à celle de 1889.

On peut ramener à trois les modifications intro-
duites en la matière, par la loi de 1893.

1° Désormais l'enregistrement des déclarations de
nationalité est requis au ministère de la justice, à
peine de nullité.

2° Cet enregistrement peut être refusé pour inaccomplissement des conditions légales, sauf en ce cas,
recours pour le déclarant, aux tribunaux civils; le

refus doit être notifié à l'intéressé, dans les deux mois de la demande d'enregistrement ; à défaut de cette notification et à l'expiration du délai de deux mois, le déclarant peut exiger une copie de sa déclaration dûment revêtue de la mention d'enregistrement.

3° L'enregistrement peut encore être refusé, en cas d'indignité, par un décret rendu sur avis conforme du Conseil d'Etat, dans les trois mois de la déclaration ou dans les trois mois du jour où le jugement qui l'a admise est devenu définitif. L'intéressé doit être avisé du refus d'enregistrement pour indignité et peut produire pour sa défense des pièces et des mémoires.

Reprenons successivement ces trois points et voyons la portée exacte qu'on doit attribuer à chacune de ces dispositions.

I. — *L'enregistrement est prescrit à peine de nullité.* — Nous avons déjà indiqué dans quel but, et pour quels motifs, le législateur de 1893 a été amené à attacher cette sanction de la nullité des déclarations, au défaut d'enregistrement.

Il importait d'arriver à ce que toutes les déclarations de nationalité fussent enregistrées à la Chancellerie. Pour obtenir ce résultat, il était indispensable de sanctionner énergiquement l'omission de cette formalité. C'est pourquoi on a frappé de nullité toute déclaration qui ne serait pas régulièrement enregistrée. Cette mesure peut paraître un peu sévère,

mais elle est parfaitement justifiée. M. Delsol, rapporteur de la loi, défendit avec énergie le projet qui
était proposé ; il insista surtout, sur la nécessité de
cette sanction ; voici comment il justifiait cette
mesure : « les formalités obligatoires et substantiel-
les, disait-il, ne sont pas rares dans notre législation ;
elles sont attachées aux actes les plus importants, il
suffit de citer le mariage, les donations entre vifs,
les testaments, etc... », et plus loin : « d'autre part
l'enregistrement est le seul moyen pratique de
fixer la nationalité des individus qui acquièrent ou
déclinent la qualité de Français, et l'importance du
résultat justifie parfaitement la formalité substantielle, qui seule permet de l'obtenir (1) ».

Celui qui réclame la nationalité française en vertu
de l'article 9 du code civil est donc tenu de faire
enregistrer sa déclaration au ministère de la justice.
Mais la transmission d cette pièce a lieu par les
soins du Juge de paix qui a reçu la déclaration.
C'est lui qui doit faire parvenir à la Chancellerie un
des exemplaires établis par lui. C'est alors que le
ministre examine la régularité de la procédure, et
décide si l'enregistrement doit être accordé ou
refusé. Pour ne pas laisser les choses traîner
en longueur pendant trop longtemps, un délai est
fixé, pour l'accomplissement de cette formalité.

(1) Rapport de M. Delsol au Sénat, déposé le 8 juillet 1892, texte
Journal officiel, documents parlementaires, de janvier 1893,
p. 537.

L'art. 9 du code civil décide en effet dans son § 3
que « la notification motivée du refus devra être faite
au déclarant, dans le délai de deux mois, à partir
de la déclaration. » C'est une garantie qu'on lui
accorde ainsi ; car en présence de ce refus motivé,
il aura toujours la ressource de se défendre des faits
invoqués contre lui, et de faire rapporter, s'il a véritablement droit, la mesure injustement prise. D'ailleurs, l'expiration du délai prescrit peut lui profiter;
toute notification tardive serait considérée comme
nulle et de nul effet. C'est ce qui résulte de l'art. 9
§ 5 : « à défaut des notifications ci-dessus visées,
dans les délais sus-indiqués, et à leur expiration, le
ministre de la justice remettra au déclarant, sur sa
demande, une copie de la déclaration revêtue de la
mention de l'enregistrement.» Ainsi, après l'expiration de ce délai de deux mois, la déclaration devient
inattaquable (1).

II. — *L'enregistrement peut-être refusé pour*
inaccomplissement des conditions. — Cette deuxième
modification apportée par la loi de 1893 à celle de
1889 est venue trancher définitivement une controverse que nous avons déjà signalée. La question ne
peut plus faire doute aujourd'hui, le ministre a le
droit absolu de refuser l'enregistrement d'une déclaration qui lui paraît irrégulière. C'est ce qui découle
de l'article 9 § 2 « l'enregistrement sera refusé, s'il

---

(1) Gruffy, *Journal de droit international privé*, 1894, p. 775.

résulte des pièces produites, que le déclarant n'est pas dans les conditions requises par la loi, sauf à lui à se pourvoir devant les tribunaux civils, dans la forme prescrite par les articles 855 et suivants du code de procédure civile. »

Que faut-il donc entendre, par inaccomplissement des conditions ? on peut faire rentrer dans ce cadre tout d'abord les inexactitudes, les erreurs qui ont pu se glisser dans la déclaration faite devant le juge de paix, et transmise à la Chancellerie. Mais ce sont là des corrections faciles à faire et qui ne donneront lieu qu'à un simple retard dans l'enregistrement. Pour ces sortes d'erreurs qui, le plus souvent, porteront sur l'orthographe d'un nom, ou sur une date erronnée, la Chancellerie se contentera de retourner la déclaration, en demandant la rectification. Les pièces ainsi retournées sont adressées au Procureur de la République, qui doit les transmettre au juge de paix devant lequel a eu lieu la déclaration. C'est ce dernier qui opérera les rectifications nécessaires.

Mais il y aura à proprement parler inaccomplissement des conditions légales, lorsqu'une déclaration sera faite par un individu incapable, ou n'ayant aucun droit à la souscrire. C'est ainsi qu'il faudra considérer, comme ne réunissant pas les conditions légales :

1° L'individu qui n'est pas né en France;

2° Le déclarant qui est encore mineur ;

3° Le déclarant qui a laissé écouler le délai légal;

Il est de toute évidence, que dans ces différents cas, l'enregistrement doit être refusé. Un individu qui, par exemple, est né à l'étranger, ne saurait se prévaloir des dispositions législatives, toutes de faveur, concernant les sujets nés en France. Par suite, ils ne pourrait en aucune façon, faire la déclaration de nationalité autorisée pour ces derniers (1).

Il appartient donc au ministre, d'examiner la déclaration et le dossier de l'individu duquel elle émane. Il doit s'assurer que le déclarant se trouve bien dans la situation prévue par la loi dont il invoque le bénéfice, qu'il a bien réellement accompli les formalités requises, enfin que les pièces produites sont régulières. A la suite de cet examen, le ministre décide s'il y a lieu d'accorder ou de refuser l'enregistrement.

Au cas d'enregistrement pur et simple, pas de difficulté. Mais au cas de refus de la part du ministre, il peut se produire un conflit entre ce dernier et le déclarant; c'est ce qui arrivera presque toujours, l'intéressé combattant la validité de la décision prise contre lui. Cette décision devra être attaquée devant les tribunaux civils, qui jugeront souverainement sur la question. On suivra en pareil

(1) Il faut encore considérer comme ne réunissant pas les conditions légales, l'individu qui a été frappé d'un arrêté d'expulsion, avant de faire sa déclaration. Par suite de cet arrêté, il se trouve dans l'impossibilité d'avoir son domicile en France. Voir ci-dessus, pp. 118 et s.

cas, dit l'article 9, les règles prescrites par les articles 855 et suivants du code de procédure civile,
c'est-à-dire la procédure employée pour les deman-
des en rectification des actes de l'état civil. L'instance sera introduite sur requête au Président du
tribunal.

III. — *Refus d'Enregistrement pour cause d'indi-*
gnité. — Il y a là une innovation formelle apportée
dans notre législation par la loi de 1893. Ni la loi de
1889, en effet, ni la législation antérieure n'avaient
prévu ce cas. Jusqu'en 1893 on avait ouvert les portes de la Patrie française, à un très grand nombre
d'étrangers, dans le but évident d'augmenter le
nombre de nos nationaux, mais sans se préoccuper
de savoir quelles garanties morales pouvaient présenter tous ces individus. Et il était impossible de
leur refuser la qualité de Français, quelle que fut
leur indignité, puisqu'ils avaient un droit absolu à
l'acquérir. Il résultait de cet état de choses, une
situation très fâcheuse, que M. Falcimaigne, commissaire du gouvernement mit très bien en lumière,
lors de la discussion de la loi de 1893. « Il s'est trouvé, dit-il, qu'à de trop nombreuses reprises, nous
avons été obligés, en vertu des articles 9 et 10 du
Code civil, de reconnaître la qualité de Français, à
des gens qui en étaient absolument indignes ; nous
avons été obligés de la reconnaître, — bien à regret,
je vous l'assure — non seulement à des individus
qui avaient subi de très nombreuses condamna-

tions (1), mais encore, ce qui est infiniment plus
grave, à des gens qui nous étaient signalés comme
étant notoirement des espions de l'étranger. En présence de ces constatations, nous nous sommes dits
que la défense des intérêts les plus sacrés du pays
nous imposait le devoir de nous prémunir contre ce
danger. » (2)

Il y avait dans ces observations, une vérité si
éclatante, le danger était si nettement accentué,
que le législateur de 1893 n'hésita pas à prendre
les mesures capables de remédier à la situation. Et
le § 4 de l'article 9 du Code civil fut ainsi rédigé :
« l'enregistrement pourra en outre être refusé, pour
cause d'indignité du déclarant, qui réunirait toutes
les conditions légales. Mais dans ce cas, il devra
être statué, le déclarant dûment avisé, par décret
rendu sur avis conforme du conseil d'Etat, dans le
délai de trois mois, à partir de la déclaration, ou
s'il y a eu contestation, du jour où le jugement qui
a admis la réclamation est devenu définitif. Le déclarant aura le droit de produire devant le conseil
d'État, des pièces et des mémoires. »

Le ministre a donc un pouvoir d'appréciation très

(1) Pour ne citer qu'un exemple : Voici un individu né à Lyon en
1847, qui a subi 14 condamnations, pour vol, vagabondage, mendi-
cité, fabrication de fausse monnaie, abus de confiance. Expulsé en
1882 il a fait immédiatement la déclaration prévue par l'art. 10 du c.
civil, parce que sa mère avait perdu la qualité de française par son
mariage avec un italien.

(2) Séance de la Ch. des députés du 6 mai 1893, *Journal officiel*,
de 1893, p. 135c.

large en matière de refus d'enregistrement. Après
avoir vérifié la régularité des pièces produites et la
stricte exécution des formalités légales, c'est à lui
qu'il appartient encore de faire une enquête sur la
moralité du déclarant. Cette mission est plus délicate et plus difficile que la première, car d'une part
les délais accordés par la loi sont assez courts et de
plus, il n'est pas toujours facile d'obtenir des renseignements exacts sur le compte d'un individu ;
surtout lorsque cet individu a habité continuelle-
ment l'étranger, ce qui est le cas de l'article 9 § 1.
La seule source d'information autorisée, est le casier
judiciaire du déclarant, qui doit être joint à son
dossier. Il est aussi prescrit aux Juges de paix et
aux Procureurs de la République de joindre aux
pièces qu'ils envoient au ministre, un rapport personnel sur la moralité et la conduite du réclamant.
Ces rapports pourront encore servir à fixer l'opinion du ministre. Mais il faut remarquer que, la
plupart du temps, ils n'auront pas une bien grande
portée. L'individu qui a transporté son domicile en
France, après sa majorité, a pu mener une vie
exempte de tout reproche, depuis son arrivée en
France et avoir cependant un passé très mauvais.

Quoiqu'il en soit de ces difficultés d'appréciation,
le ministre décide s'il y a lieu de refuser l'enregistrement. Dans ce cas, il avise aussitôt le parquet de
l'arrondissement, auquel appartient le Juge de paix,
qui a reçu la déclaration. Ce magistrat est chargé de

prévenir l'intéressé, de la demande en refus d'enregistrement formée par le ministre, et il l'invite à fournir tous titres et pièces pouvant servir à sa défense. Le tout est constaté par un procès-verbal, dressé par le juge de paix et signé du déclarant. Les pièces sont alors produites au conseil d'État, (section de législation) qui est chargé de les examiner et de donner un avis, auquel le ministre devra se conformer. Il y a dans cette condition de l'avis du conseil d'État une garantie, une sauvegarde, pour le déclarant. On a voulu éviter que le ministre put être suspecté d'avoir refusé l'enregistrement de ces déclarations d'une façon arbitraire ou injuste. L'avis du conseil d'État, s'il est conforme à celui du ministre, c'est à dire s'il conclut au refus, doit faire l'objet d'un décret. Le projet de ce décret est préparé par le conseil d'État. Le décret signé du Président de la République est transmis au juge de paix, par la voie du parquet, puis le juge de paix informe le déclarant du sort de sa déclaration et en dresse procès-verbal.

Toutes ces formalités doivent être accomplies dans un délai de trois mois, à partir de la déclaration, dit l'article 9 ; ou s'il y a eu contestation, du jour où le jugement qui a admis la réclamation est devenu définitif. La contestation dont parle ici l'article 9 est celle qui aurait pu s'élever entre le ministre et le déclarant, relativement à l'exécution des conditions légales. Si le délai de trois mois s'écoule sans

que le refus d'enregistrement ait été notifié à l'intéressé de la manière que nous avons indiquée, celui-
ci est en droit d'exiger que l'enregistrement de sa
déclaration lui soit accordé.

Supposons désormais, que l'individu qui se prévaut de l'article 9 § 1 a bien exactement rempli
toutes les conditions imposées par la loi, que sa
situation étant reconnue régulière, il y a lieu de lui
accorder l'enregistrement de sa déclaration. Dans ce
cas, la déclaration ayant été enregistrée à la Chancellerie, doit-être insérée au Bulletin des lois. C'est
un moyen de publicité destiné à porter à la connaissance de tous les Français, le nom de ceux qui ont été
définitivement admis à faire partie de la nation française. Mais, au contraire de l'enregistrement, cette
insertion n'est pas considérée comme une formalité
substantielle, requise à peine de nullité, car les
déclarants n'ont aucune qualité pour réclamer cette
insertion au Bulletin des lois. Aussi la loi a-t-elle
pris soin d'ajouter : « l'omission de cette formalité
ne pourra pas préjudicier aux droits des déclarants. »

Ce qu'il importe surtout d'établir d'une manière
certaine, c'est la date de la déclaration. Cette date
a en effet une importance capitale, puisqu'elle sert
de point de départ aux délais, de deux ou trois mois,
suivant les cas, qui sont accordés pour l'enregistrement de la déclaration. C'est pourquoi le déclar-
rant doit exiger du juge de paix, un récépissé. Ce
récépissé « énumérera expressément qu'il n'est va-

lable que pour deux mois et qu'à l'expiration de ce
délai, il sera considéré comme nul et non avenu, et
que la preuve de la déclaration ne pourra résulter
que de l'acte lui-même, revêtu de la mention de l'enregistrement»(1). La date de la déclaration présente
encore une grande importance, au point de vue des
effets de cette déclaration, puisque ces effets rétroa-
gissent au jour où elle a été reçue par le juge de
paix; «la déclaration produira ses effets, du jour où
elle aura été faite, sauf l'annulation qui pourra résulter du refus d'enregistrement». (art: 9, § 7).

Enfin, comme il est nécessaire que le déclarant
puisse avoir un titre établissant sa qualité de Français, l'art. 8 du décret du 13 août 1889 dispose que
la déclaration est inscrite à la Chancellerie, sur un
registre spécial, l'un des exemplaires est déposé dans
les archives, l'autre envoyé à l'intéressé, avec la
mention de l'enregistrement. Mais c'est le seul titre
que puisse avoir ce nouveau Français; en même
temps qu'on le lui délivre, il est prévenu que la
Chancellerie n'accorde jamais de duplicata de ces
déclarations (2).

IV. — Telle est la procédure nouvelle introduite
dans la législation par la loi de 1893. Il faut reconnaître que sur certains points, l'innovation a été heureuse. Des réformes s'imposaient depuis longtemps

(1) Circulaire du ministre de la justice du 28 août 1893.
(2) En 1898, la chancellerie a enregistré 2610 déclarations en vue
d'acquérir la nationalité française, dont 595 par applications des articles 8 § 4 et 9 § 10 du C. civil. — J. off. du 6 février 1899.

déjà ; quelques unes ont été réalisées ; mais ce n'est pas à dire pour cela, que le système nouveau soit exempt de tout reproche. Lors de la discussion de la loi de 1893, il fut déjà l'objet de critiques très vives, formulées notamment par l'honorable sénateur M. Thézard. Depuis la mise en vigueur de la loi, on a pu s'apercevoir du bien fondé de bon nombre de ces critiques.

Ne paraît-il pas injuste, tout d'abord, d'attacher la sanction de la nullité à l'accomplissement d'une formalité qu'il ne dépend pas des intéressés de pouvoir remplir ? Ce n'est pas au déclarant en effet qu'il appartient de demander l'enregistrement de sa déclaration. D'après l'art. 7 du décret du 13 août 1889, c'est le Juge de paix, qui après avoir reçu la déclaration, la transmet au Procureur de la République, lequel, à son tour, l'adresse au ministère de la Justice. Pourquoi dès lors, n'avoir pas sanctionné le défaut d'enregistrement, par des peines prononcées contre les fonctionnaires en faute, ainsi qu'on l'a fait pour les officiers de l'Etat civil, coupables de faute ou de négligence dans la rédaction de leurs actes? C'est ce que faisait remarquer M. Thézard : « qu'est-il besoin, disait-il, d'imposer à l'intéressé, qui n'est pour rien dans l'enregistrement, la responsabilité de n'avoir pas accompli une formalité qui s'accomplit en dehors de lui ? Est-il nécessaire d'introduire cette sanction, que cet enregistrement qui dépend de vous, qui est assuré par les agents du ministère de la Jus-

tice, le réclamant en sera responsable et aura à
subir les conséquences de la négligence, absolument
exceptionnelle, qui aura été commise? Quoiqu'en
dise l'exposé des motifs, il n'est pas naturel que
lorsque la loi attribue à quelqu'un un droit, elle le
fasse dépendre de l'accomplissement de formalités
qu'il n'est pas en son pouvoir de remplir ou de ne
pas remplir. L'enregistrement est une mesure d'ordre, excellente en elle-même, mais une simple mesure d'ordre, un moyen de surveillance et de contrôle
pour le gouvernement (1). »

Il est un autre point, dans la loi de 1893, qui doit
attirer l'attention. On y rencontre une solution tout
aussi étrange que celle que nous venons de signaler,
et qui n'a peut-être pas de précédent dans notre
législation. Nous voulons parler du rôle du Conseil
d'Etat dans la procédure de refus d'enregistrement
des déclarations. D'ordinaire, en matière législative
ou administrative, le conseil d'Etat n'est qu'un corps
délibérant. Le gouvernement lui demande des avis
lorsqu'il le croit nécessaire, quelquefois même il est
obligé, de prendre son conseil, mais jamais il n'est
lié par les avis que donne ainsi le conseil d'Etat. En
notre matière, depuis la loi de 1893, il en va différemment. Le décret qui refuse l'enregistrement
d'une déclaration doit être rendu après avis conforme du Conseil d'Etat, et il est préparé par ce dernier. Le gouvernement, ici, doit se soumettre à l'avis

(1) *Journal off.* du 11 mars 1893, *déb. parl.,* pp. 15 et 264.

donné. Ce résultat peut sembler bizarre et on se demande s'il n'y a pas lieu de craindre qu'il ne se produise une opposition regrettable, entre le gouvernement et le conseil d'Etat, à la suite de divergence d'opinion sur la même question.

On peut aussi trouver un peu courts, les délais qui sont accordés au ministre pour statuer sur les déclarations. En cas d'inaccomplissement des conditions, le délai est de deux mois pour remplir toutes les formalités et notifier le refus à l'intéressé. Il est de trois mois en cas de refus pour indignité. Il faut donc que pendant ce temps, toutes les notifications nécessaires soient faites, que les mémoires et titres soient produits, s'il y a lieu, que le Conseil d'Etat donne son avis, et que le décret soit rendu. Il y a une importance d'autant plus grande à ce que toutes les formalités soient remplies dans les délais légaux qu'à l'expiration de ces délais, et à défaut de notification, le déclarant peut exiger l'enregistrement de sa déclaration.

Ce sont là tout autant de points sur lesquels il y y aurait encore à revenir et qui demanderaient une retouche législative.

SECTION II

Des déclarations souscrites en vue de décliner la qualité de français. — Art 8 (3° et 4°)

Nous réunissons dans une même section, l'étude des formalités que doivent accomplir les individus

12

visés par les §§, 3 et 4 de l'article 8, parce que dans
les deux cas ces formalités sont les mêmes. Qu'il
s'agisse en effet d'un enfant né en France d'une mère,
qui y est-elle même né, ou d'un enfant né de parents
étrangers, et domicilié en France au moment de sa
majorité, les justifications à fournir, pour décliner
la nationalité française, seront les mêmes dans l'une
et l'autre hypothèse.

On peut ramener à trois, les conditions à remplir
par ces individus, pour décliner valablement la qualité de Français, que la loi leur attribuait :

1° Il faut d'abord qu'ils fassent une déclaration
formelle en ce sens ;

2° Ils doivent, en second lieu, fournir une attestation en due forme de leur gouvernement, constatant qu'ils ont conservé la nationalité de leurs
parents ;

3° Enfin ils doivent présenter un certificat, constatant qu'ils ont répondu à l'appel sous les drapeaux,
conformément à la loi militaire de leur pays.

I

Déclaration de répudiation.

Cette déclaration présente une très grande analogie avec celle qui doit être souscrite par les individus qui se prévalent de l'article 9, pour réclamer
la qualité de Français. Elle n'est qu'une manifestation expresse de volonté, de la part du déclarant.

Comme formes, elle est soumise aux mêmes règles
que la déclaration prévue par l'art. 9, règles qui nous
sont déjà connues. Le déclarant devra donc présenter
deux témoins, attestant son identité, et il aura à produire les pièces justificatives de son état civil. (1)

Cette déclaration doit être expresse et formelle,
elle ne saurait être suppléée en aucune manière.(2) Il
faut donc qu'elle émane de l'intéressé lui-même, ou
de son mandataire muni d'une procuration spéciale
et authentique.

Si le déclarant est domicilié en France, ce qui sera
le cas le plus fréquent pour ceux que vise l'art. 8-4ᵉ,
il devra faire sa déclaration devant le juge de paix
du canton où il est domicilié. Mais il pourra très
bien se faire qu'au lieu d'être domicilié en France,
il habite l'étranger. C'est ce qui arrivera ordinaire-
ment lorsqu'il s'agira d'un enfant né en France, d'une
mère qui y est elle-même née, (art. 8-3ᵒ). Une
hypothèse semblable pourra encore se présenter,

(1) D'après la circulaire ministérielle du 28 août 1893 et le modèle
de déclaration annexé, nᵒ 5, le déclarant doit produire, à l'appui de
sa déclaration : 1ᵒ son acte de naissance, 2ᵉ les actes de naissance et
de mariage de ses père et mère.

(2) Bien avant la loi de 1889 la jurisprudence avait décidé en ce
sens. — Un jugᵗ du tribunal de la Seine du 10 avril 1886, et un arrêt de la cour de Paris du 5 août 1886 (*La Loi* et *le Droit* du 13 août
1886) avaient déjà admis cette solution sous le régime des lois de
1851 et de 1874. — Il avait été jugé qu'un enfant ne perd pas la
qualité de Français à laquelle ces lois lui donnent droit, à la suite de
la déclaration par laquelle son père a fait connaître à la municipalité de la commune où il est né, qu'il entend que son fils soit étranger, et qu'il l'a fait inscrire à cet effet, sur les registres de bour-
geoisie d'une ville étrangère.

même dans la sphère d'application de l'art. 8-4°. Il
est très possible, en effet, qu'un individu, né en
France de parents étrangers, qui eux-mêmes sont nés
à l'étranger, se trouve domicilié en France au moment
de sa majorité, et qu'il transporte son domicile
hors de notre territoire, avant l'expiration de sa
vingt-deuxième année. Il n'en sera pas moins à
même de souscrire une déclaration, pour répudier
la qualité de Français, conformément aux dispositions du § 4 de l'article 8.

Supposons que le déclarant habite l'étranger, et
qu'étant encore dans les délais légaux, il veuille user
du droit qui lui appartient, de décliner la nationalité française. Il devra alors faire sa déclaration
devant les agents diplomatiques ou consulaires de la
France, dans le pays qu'il habite. Sous l'empire de
la loi du 7 février 1851, on attribuait compétence à
cet effet, soit à la municipalité du lieu de résidence
du déclarant, soit aux agents diplomatiques ou consulaires accrédités en France par le gouvernement
dont relevait son père. Mais cette disposition avait
été modifiée par la loi du 16 décembre 1874. Considérant que la France n'a pas d'ordres à donner aux
représentants des puissances étrangères, et que les
autorités françaises ont seules compétence pour
recevoir une déclaration qui intéresse l'état d'une
personne encore Française, on avait décidé, que
l'option devrait être effectuée désormais en France,
entre les mains de l'autorité municipale du lieu de

résidence de l'intéressé. Et si celui-ci se trouvait à l'étranger, sa déclaration devait être reçue par les agents extérieurs du gouvernement français. Nous avons déjà expliqué, pour quels motifs la compétence attribuée en cette matière aux officiers municipaux avait été transportée aux juges de paix. Il est donc inutile de revenir ici sur cette question.

Quant au délai fixé par la loi pour effectuer valablement ces déclarations, l'article 8 déclare qu'elles pourront être faites pendant l'année qui suit la majorité, telle quelle est réglée par la loi française. Ce délai ne prendra donc fin, qu'une fois la vingt-deuxième année accomplie. Mais en fait, dit-on, il se trouvera réduit au moins pour les hommes. En effet, inscrits sur les listes de recrutement dans l'année de leur majorité, ils devront exercer leur droit d'option avant la clôture des opérations du recrutement, (art. 10 de la loi du 15 juillet 1889), s'ils ne veulent pas être considérés comme Français (1).

Il faut admettre pour cela que l'inscription sur les listes de recrutement, sans protestation de la part de l'intéressé entraîne pour lui une renonciation tacite, au droit de répudier la qualité de Français. De nombreux auteurs (2) soutiennent en effet que l'article 11 § 2 de la loi du 15 juillet 1889 sur le recrutement, emporte pour le *de cujus*, la faculté

(1) Circulaire du ministre de la guerre du 4 déc. 1889. — Cogordan, pp. 97 et 98.
(2) Cogordan, p. 97. — Le Sueur et Dreyfus, p. 246. — Vincent, n° 47.

de renoncer tacitement au droit de répudier la
qualité de Français. Ils se fondent pour cela sur
les termes mêmes de l'article 11 § 2, ainsi conçu :
« les individus nés en France d'étrangers et *résidant
en France*, sont également portés, dans les *communes
où ils sont domiciliés*, sur les tableaux de recensement
de la classe dont la formation suit l'époque de leur
majorité, telle qu'elle est fixée par la loi française ;
ils peuvent réclamer contre leur inscription lors de
l'examen du tableau de recensement et lors de leur
convocation au conseil de révision conformément à
l'article 16. S'ils ne réclament pas, le tirage au sort
équivaudra pour eux à la déclaration prévue par
l'article 9 du Code civil. S'ils se font rayer, ils
seront immédiatement déchus du bénéfice dudit
article. »

Raisonnant alors par analogie, on a dit : de même
que l'individu, visé par l'article 9 du Code civil, peut
suppléer à sa déclaration, par une option tacite, en
se laissant inscrire sur les listes de recrutement, de
même celui qui se trouve dans les cas prévus par
l'art. 8 peut exercer une renonciation tacite à son
droit de décliner la qualité de Français. Par suite, il
ne pourra plus demander à user de ce droit.

Il y a là, à notre avis, une fausse interprétation
de l'esprit de la loi En effet, il convient de remarquer tout d'abord, que les deux situations sont absolument différentes. Dans le cas de l'art. 9 du Code
civil, l'individu est considéré comme étranger au

moment de sa majorité, sauf à lui à réclamer la
qualité de Français. Par conséquent, il ne saurait
être porté sur les listes de recrutement qu'à la suite
d'une erreur, et on lui accorde toutes facilités pour
protester contre cette erreur. Mais on a considéré,
d'autre part, que l'acquisition de la nationalité française par un étranger devait être regardée comme
une grande faveur. C'est pourquoi, voulant augmenter encore les bienfaits de la loi, vis-à-vis de ceux qui
sont nés en France, et qui peuvent réclamer la qualité de Français, aux termes de l'article 9, le législateur leur a permis de profiter d'une erreur pour simplifier ainsi les formalités qu'ils auraient eues à
remplir.

Toute autre, au contraire, est la situation des individus visés par l'article 8-3° et 4°. Ceux-ci sont
déclarés Français, à l'âge de vingt-et-un ans, pourvu
qu'ils soient dans les conditions légales. Comme tels
ils sont donc astreints à toutes les obligations qui
incombent aux nationaux français; notamment au
service militaire. C'est de plein droit, qu'ils seront
portés sur les listes de recrutement. Mais il faut
bien remarquer que ces individus ne sont pas Français d'une manière définitive; l'article 8 a soin de
leur réserver un droit de répudiation, dont il règle
les conditions d'exercice ; il fixe en même temps le
délai dans lequel devra s'exercer cette faculté de
répudiation. Or, si on considère comme une option
tacite le fait pour ces jeunes gens de se laisser inscrire

sur les listes de recrutement, sans protestation, le délai qui leur est accordé devient absolument lettre morte, puisqu'ils sont inscrits d'office. Il faudra donc que ces individus fassent leur déclaration au moment du tirage au sort, ou au plus tard, au moment du conseil de révision, sinon ils seraient déchus de leur droit. Et que devient alors le délai fixé par le législateur? On ne lui trouve plus aucune utilité, si les intéressés sont mis dans l'impossibilité d'en profiter. D'ailleurs, il ne saurait être question ici, comme dans le cas précédent, d'augmenter le bienfait de la loi, relativement à ces individus; puisqu'ils sont déjà Français, il n'est pas nécessaire de leur faciliter l'acquisition de cette qualité.

L'article 11 § 2 de la loi du 15 juillet 1889 doit donc s'appliquer à la seule déclaration prévue par l'article 9 du Code civil et ne porte aucune atteinte aux règles établies par l'article 8-3° et 4°. On trouve la confirmation de cette idée dans les travaux préparatoires : « Le paragraphe 3 de l'article 9, disait M. Delsol dans son rapport au Sénat (1), vise, comme les deux premiers paragraphes, l'individu né en France d'un étranger, et qui n'y *est pas domicilié à l'époque de sa majorité;* mais il suppose qu'au lieu de faire sa soumission, de fixer en France son domicile, il prend part aux opérations du recrutement, sans opposer son extranéité. Le projet décide avec raison que cette participation équivaut à un

(1) Rapport supplémentaire de M. Delsol, du 3 juin 1889, p. 9.

acte de soumission. La commission, pour bien marquer qu'il s'agit toujours de *l'individu né en France*
d'un étranger et qui n'y est pas domicilié à l'époque
de sa majorité, vous propose de dire simplement :
« il *devient* également Français, si ayant été porté sur
le tableau de recensement, il prend part aux opérations du recrutement, sans opposer son extranéité ».
Et plus loin « l'individu déclaré Français par l'article 8-4°, se trouvant porté sur les tableaux de recensement, sera *obligé*, s'il veut échapper au service militaire, de décliner la qualité de Français dans l'année *qui suivra sa majorité* et de prouver qu'il a conservé la nationalité de ses parents. ».

Il en résulte que les individus visés par l'article 8-4°
et ceux de l'article 8-3° que nous leur avons assimilés
à ce point de vue, ne seront pas déchus de leur droit
de répudiation, par ce seul fait qu'ils n'ont pas pro-
testé contre leur inscription, sur les listes de recrutement.

M. Antonin Dubost, dans son rapport supplémentaire à la Chambre des députés s'est entièrement as-
socié à cette idée (1).

---

(1) Rapport suppl. du 15 juin 1889, pp. 3 et 4. — En ce sens, Limoges, 13 mars 1889, *Journal de dr. int. privé*, 1890, pp. 291 et
la note.

II

Attestation en due forme, du gouvernement du déclarant, prouvant qu'il a conservé la nationalité de ses parents.

Outre la déclaration, qui doit être faite expressément par celui qui entend décliner la nationalité française, aux termes de l'article 8, l'intéressé doit apporter certaines preuves à l'appui de sa répudiation. La première consiste dans la production d'un certificat émané du gouvernement dont relèvent ses auteurs, et établissant qu'il a effectivement conservé leur nationalité.

Le but des lois de 1889 et de 1893 a été de diminuer, dans la mesure du possible, le nombre des « *heimathlosen* » des individus sans patrie. Le législateur n'a pas voulu englober dans la nation française des hommes qui n'éprouvent pas le désir de se ranger sous sa domination. En facilitant son accès à certains étrangers, il leur a toutefois réservé le droit de conserver une autre patrie. Mais ce qu'il a surtout voulu éviter, c'est de permettre à ces individus de se soustraire à toute allégeance. Voilà pourquoi on exige de ceux qui répudient la qualité de Français, qu'ils justifient d'une façon certaine d'une autre nationalité.

La loi a fait preuve ici d'une prévoyance très louable ; on a cherché à empêcher que les jeunes gens visés par l'article 8 puissent se soustraire, tout à la fois aux charges imposées soit par la France, à ceux qui deviennent ses sujets, soit par leur pays d'origine, à ceux qui refusent de devenir Français. Il est à regretter, seulement, que cette disposition n'ait pas fait l'objet d'une étude plus approfondie, et d'une réglementation mieux ordonnée. Des lacunes regrettables existent en effet sur ce point, ainsi que nous aurons occasion de le constater.

Ce certificat de nationalité n'est pas une innovation de la loi de 1889. Il existait déjà sous l'empire des législations de 1851 et de 1874; mais tout en exigeant la production de cette pièce justificative, aucune de ces lois ne disait par quelles autorités elle devait être délivrée. La loi de 1893 a elle aussi gardé le silence sur cette question. Il en est résulté, dans la pratique, des difficultés sérieuses d'interprétation. Il peut même arriver quelquefois, que des individus victimes de la négligence, ou du mauvais vouloir du gouvernement dont ils se réclament pour échapper à la nationalité française, se voient déclarer Français malgré eux, faute de pouvoir fournir une justification qu'ils ne peuvent obtenir.

On s'accorde généralement à reconnaître que ce certificat doit être délivré par les agents diplomatiques ou consulaires de l'Etat auquel appartient le réclamant. C'est d'ailleurs, en ce sens, que s'était prononcée la section de législation du Conseil d'Etat, consultée sur ce point par le garde des sceaux. On lit, en effet, dans son avis du 29 avril 1890 : « sur la

question de savoir si cette attestation en dûe forme
de la nationalité doit être produite exclusivement
par l'intermédiaire de l'agent diplomatique, ou si
elle peut être fournie par les agents consulaires : —
Considérant que l'immatriculation sur les registres
d'un poste diplomatique ou consulaire n'est pas toujours accompagnée de garanties assez complètes
pour constituer à elle seule une preuve suffisante de
nationalité — que les agents diplomatiques par suite
de leur caractère officiel, engagent plus directement
leur gouvernement et sont en outre mieux placés
que les agents consulaires pour s'entourer de tous
les renseignements et avis nécessaires, en matière
de nationalité, que par conséquent, leur compétence
doit être admise de préférence pour délivrer les at-
testations dont il s'agit (1)... etc. »

Il résulte de cet avis du Conseil d'Etat, que le
certificat exigé par l'art. 8 doit être délivré par les
agents diplomatiques, de préférence. Mais il faut
bien remarquer que ce n'est pas une condition formelle, car il serait souvent impossible d'y satisfaire.
Les autorités étrangères, en effet, ne sont pas obli-
gées de se conformer aux injonctions de la loi française, et pourront pour un motif quelconque, se
refuser à la délivrance d'une attestation de nationalité. Dans ce cas, pour ne pas nuire aux intérêts du
réclamant, on sera bien obligé de se contenter d'une
attestation ne présentant pas les mêmes garanties.

(1) *Revue pratique de droit international privé*, 1890-91, I, 98.

C'est ainsi, par exemple, qu'on se contentera souvent
de la production d'un certificat d'immatriculation
délivré par le consul du pays d'origine de l'intéressé.
Il est très juste de se montrer indulgent dans cette
situation, afin de ne pas imposer notre nationalité à
un individu, qui en somme n'est pas fautif, et qui a
le droit de se soustraire à notre allégeance. C'est ce
que fait remarquer avec raison, M. Cogordan :
« Nous serions mal venus, dit-il, à réclamer une
autre pièce (qu'un certificat d'immatriculation au
consulat), car, dans le cas inverse, nous serions hors
d'état de produire un véritable certificat de nationalité. En effet, quelle serait chez nous l'autorité
compétente pour délivrer une semblable attestation ?
Ce ne saurait être l'administration, puisque en
France, elle n'est point juge des questions de nationalité. Ce ne saurait être non plus la justice, puisqu'elle ne peut être saisie que s'il existe une contestation (1) ».

Il est un cas, où le doute n'existe plus. C'est
lorsqu'il y a entre la France et le pays dont relève
le réclamant, une convention particulière au sujet
de ces justifications. Un traité de ce genre a été
conclu entre la France et l'Angleterre ; l'entente
entre les deux nations avait été établie, dès la loi de
1874 (2). Elle a été maintenue et modifiée après la

(1) Cogordan, p. 92.
(2) Voir circul. du garde des sceaux, 7 janv. 1876, Clunet, 1876,
p. 236 et circul. du ministre de la guerre, 13 déc. 1876 et 26 déc.
1877. — Cogordan, 2e édit., annexes, p. 538.

promulgaticn de la loi de 1889 (1). L'arrangement vise les jeunes gens dont le grand père est né en Angleterre et le père en France, ainsi que ceux dont le père est né en Angleterre, et qui sont nés en France.

Il serait à souhaiter qu'il intervînt ainsi de nombreux arrangements entre la France et les puissances étrangères. Ce serait le plus sûr moyen d'éviter tout conflit entre les gouvernements. Mais à défaut de conventions spéciales, et en présence des difficultés qu'éprouvera souvent le réclamant à obéir à la loi française, il importe de ne pas se montrer trop rigoureux, et de se contenter de toute justification, présentant des caractères suffisants d'authenticité. D'ailleurs, le projet de loi sur la nationalité, préparé par la section de législation du conseil d'Etat, se montrait beaucoup plus coulant et se bornait à exiger du déclarant « la preuve, qu'il appartenait à la nationalité paternelle. » « Cette preuve, disait M. Camille Sée, dans son rapport, résultera dcrénavant, de toutes pièces, de tous documents de nature à justifier, d'après la loi du pays dont se réclame l'intéressé, la qualité qu'il invoque. La section a, relativement à la preuve, modifié complètement le système de la loi de 1874. La loi, on s'en souvient, exige de l'étranger voulant justifier de sa nationalité d'origine, une attestation en dûe forme, de son gouvernement. Le législateur de 1874 tout

(1) Circul. ministérielle du 19 mai 1892.

à l'idée de serrer les mailles de la loi de 1851, ne s'aperçut pas qu'il empiétait sur le domaine de la législation étrangère. L'incursion était d'autant plus accentuée que l'on exigeait une attestation, qu'il nous serait difficile de délivrer et dont la valeur du reste serait on ne peut plus contestable (1). »

Les observations présentées par M. Camille Sée, ont encore aujourd'hui toute leur valeur. Et sur ce point encore il serait bon de voir intervenir une nouvelle décision législative.

III

Certificat constatant que le déclarant a répondu à l'appel sous les drapeaux, conformément à la loi militaire de son pays.

La seconde justification que doit fournir celui qui veut décliner la nationalité française, conformément à l'article 8-3° et 4°, est encore un certificat émané de son gouvernement, et constatant qu'il a répondu à l'appel sous les drapeaux dans son pays d'origine. Cette règle est formulée dans l'article 8-4°. « Est français, tout individu né en France d'un étranger, et qui à l'époque de sa majorité est domicilié en France, à moins que..... et qu'il n'ait en outre produit, s'il y a lieu, un certificat constatant qu'il a répondu à l'appel sous les drapeaux, conformément à la loi militaire de son

---

(1) Sénat, session de 1884, n° 65, annexes au rapport de M. Batbie, p. 223.

pays, sauf les exceptions prévues aux traités ». Le but poursuivi par le législateur se révèle toujours le même. Empêcher certains individus de se soustraire à toute nationalité, et les obliger à subir les charges imposées par tout pays à ses nationaux.

Rien n'est plus juste, en soi, que cette exigence de la loi (1). Rationnellement elle se comprend très bien, et tout serait pour le mieux, si dans la pratique, les résultats obtenus répondaient au but poursuivi. Malheureusement, il n'en sera pas toujours ainsi.

Il faut remarquer en premier lieu, que ce certificat n'est pas exigé, comme le précédent, d'une manière absolue. La loi a soin d'ajouter, qu'il devra être produit, *s'il y a lieu*. Il est en effet certains étrangers, qui seraient dans l'impossibilité de produire une semblable attestation. Ce sont ceux, qui appartiennent à un pays, où le service militaire n'est pas obligatoire, comme l'Angleterre, par exemple. La circulaire du 23 août 1889 vise encore le cas, où le déclarant appartient à une classe d'individus qui n'est pas astreinte au service militaire.

(1) Cette exigence n'est d'ailleurs pas une innovation de la loi de 1889. L'idée première de cette formalité se retrouve dans une proposition de loi dont M. des Rotours, député du Nord, avait saisi en 1872, l'Assemblée nationale : « Est déclaré Français, portait cette proposition, et comme tel, soumis à la loi du recrutement de l'armée, tout individu né en France de parents étrangers, à moins qu'il ne déclare dans l'année qui suivra l'époque de sa majorité, telle qu'elleest fixée par la loi française, repousser la qualité de Français et qu'il ne justifie avoir satisfait aux obligations que la loi du recrutement du pays d'origine de sa famille lui impose. » (*Journ. off.* du 24 nov. 1872).

C'est ce qui se produit pour les chrétiens de Tur-
quie. Dans ces hypothèses, il suffira que l'intéressé
fournisse un certificat constatant sa situation.

Mais quelle est au juste la portée de ce certificat?
La loi déclare qu'il doit indiquer que le déclarant
a répondu à l'appel sous les drapeaux, conformément à la loi de son pays. Le texte primitivement
voté par la Chambre des députés, après l'amendement proposé par M. Pâris (1), lors de la discussion
de la loi sur la nationalité, donnait lieu à une équivoque. D'après les termes du projet, le déclarant
devait justifier « qu'il avait satisfait à la loi militaire
de son pays ». Or il arrivera très fréquemment qu'un
étranger, à l'âge de vingt-deux ans, n'aura pas encore été appelé au service militaire dans son pays
d'origine. Tout au moins, il n'aura pas eu à cette
époque le temps d'accomplir entièrement ses obligations à cet égard. C'est ce que fit remarquer le
rapporteur de la loi, M. Delsol : « cette expression
prise à la lettre, dit-il, signifierait que le jeune
homme en question a payé complètement sa dette
militaire, ce qui, d'après les lois en vigueur
aujourd'hui dans tous les pays, ne peut avoir lieu
qu'après de longues années, et n'est jamais exact au
moment de la majorité (2). » Cette considération,
fort juste, fit modifier le texte du projet, qui fut
alors rédigé dans les termes que nous connaissons.

(1) Sénat, séance du 3 février 1887, *Journ. off.* du 4 fév. 1887.
(2) Rapport de M. Delsol au Sénat, déposé le 3 juin 1889.

Peu importe donc que le déclarant ait réellement satisfait aux exigences de la loi militaire, ou qu'après avoir pris part aux opérations du recrutement dans son pays d'origine il se soit soustrait par la fuite à l'incorporation. Il lui suffira au regard de la loi française d'établir qu'il a répondu à l'appel sous les drapeaux.

De là résulte un nouvel inconvénient. Voilà un individu qui, dans le cours de sa vingt-deuxième année, obtient de son gouvernement le certificat dont il s'agit, puis, au lieu de se laisser incorporer, après avoir régulièrement répondu à l'appel fait par son pays d'origine, il se réfugie en France. Il pourra s'y établir sans être inquiété, et cependant, dans ce cas, la loi servira à protéger un déserteur ou un insoumis, c'est-à-dire un des individus les moins dignes de faveur. A ce mal il y aurait un remède : l'extradition des soldats déserteurs (1). Mais cette mesure rencontre dans la pratique internationale de très vives oppositions.

En prescrivant cette seconde formalité, la loi, comme pour la première, a omis de dire par quelles autorités devrait être délivrée la justification qu'elle réclame. Il lui était bien difficile d'ailleurs de poser des règles à ce sujet, car il n'est pas admissible qu'un gouvernement dicte une ligne de conduite à un autre gouvernement. Tout ce que l'on peut de-

---

(1) Weiss, *Etudes sur les conditions de l'extradition*, 1880, pp. 195 et s.

mander, c'est que la pièce produite offre des garanties suffisantes. C'est ce que déclarait le Conseil
d'État : « si le gouvernement français a le droit de
s'assurer de l'authenticité du certificat produit, et
s'il peut demander que les signatures soient certifiées
conformes par l'agent diplomatique, il convient de
s'en remettre, quant à l'autorité compétente, pour
délivrer ce certificat, à la législation du pays, dont
se réclame l'intéressé (1). » Ce certificat sera donc
délivré, presque toujours, par les agents diplomatiques ou consulaires accrédités en France, par le
gouvernement dont le déclarant revendique la nationalité.

Mais il pourra très bien arriver, dans la pratique,
que ce certificat lui soit refusé. Il pourra se faire
aussi qu'à l'âge de vingt-deux ans l'intéressé n'ait
pas atteint l'époque à laquelle il devrait être soldat,
d'après sa loi nationale. Que va-t-il en résulter ? Ce
jeune homme sera-t-il, malgré lui, déclaré Français ? Si on procède ainsi, on risque fort de faire de
lui un déserteur, car il n'aura pas d'autre moyen
d'échapper à un pays dont il ne veut pas supporter
la domination. Lui permettra-t-on, au contraire, de
souscrire sa déclaration, bien qu'il n'ait pas produit
cette justification ? Mais alors on viole la loi, en éludant ses dispositions.

Ce sont là quelques-unes des difficultés auxquelles peuvent donner lieu dans la pratique ces

(1) Avis du 29 avril 1890, précité.

dispositions de l'article 8-4°. Mais ce ne sont pas les seules. Les derniers mots de cé texte, en effet, en font immédiate ment surgir de nouvelles.

L'art. 8-4° prévoit que les règles qu'il pose pourront être modifiées par les traités, et il se termine par ces mots : « sauf les exceptions prévues aux traités. » Que signifie cette restriction ? M. Cogordan déclare ne pas comprendre la portée de cette expression (1). D'après lui, l'art. 8-4° n'impose aucune charge aux étrangers : un État a toujours le droit de régler les conditions dans lesquelles on pourra se ranger sous son allégeance ou, au contraire, s'y soustraire. Ce même État peut aussi, au moyen d'une convention avec un autre gouvernement, et dans le but de faciliter leurs relations, déterminer dans quelles conditions il permettra aux sujets de ce gouvernement de décliner sa nationalité, et les justifications qui devront être produites pour cela. Telle serait la portée de la disposition finale de l'art. 8-4° qui devient ainsi absolument inutile.

Cette opinion n'a cependant pas rallié tous les suffrages. On a cherché une explication plus utile à la règle ainsi posée. La première a été fournie par M. Pâris lui-même. lors de la discussion de la loi. Il s'agissait, il est vrai, des enfants nés en France de parents, qui y étaient eux-mêmes nés, mais il faut bien remarquer qu'on a appliqué ensuite aux enfants nés en France d'étrangers, et domiciliés en

(1) Cogordan, p. 92.

France au moment de leur majorité, les conditions
et formalités exigées par la loi pour la validité des
déclarations d'extranéité. Or voici comment s'est
exprimé M. Pâris : « une seconde observation nous
a été faite par M. le garde des sceaux ; je l'ai trouvée juste. C'est que, s'il appartient à la loi française
de déterminer à quelles conditions la qualité de
Français est acquise, conservée ou perdue, les
questions de nationalité touchent également au droit
public international, et peuvent donner lieu à des
conventions diplomatiques. En statuant par une loi,
sur les principes, il convient donc de réserver les
exceptions que les traités pourraient y apporter (1). »

La France en effet peut avoir intérêt à modifier
par une convention, intervenue avec une puissance
étrangère, la condition des sujets de cette nation,
nés et domiciliés en France, de manière à obtenir,
pour les Francais établis dans ce pays, des égards
réciproques (2). Il était bon, par conséquent, en po-
sant le principe qui devait régir les étrangers en
France, de prévoir, en même temps, que des déro-
gations pourraient y être apportées par des traités.

On a proposé aussi d'expliquer cette disposition,
en disant que le législateur avait eu en vue les modifications qui pourraient être apportées à l'obliga-

---

(1) Sénat, séance du 7 février 1887 (*Journ. off.* du 8 février 1887).
— En ce sens : Le Sueur et Dreyfus, p. 151.— Vincent, n° 54, p. 59.
— Weiss, p. 186.
(2) Convention franco espagnole du 7 janvier 1862, art. 5.

tion de fournir un certificat relatif au service militaire.

Quoi qu'il en soit du sens véritable qu'il faut attacher à cette partie de l'article 8-4°, il n'en est pas moins vrai qu'on peut en donner une explication suffisante. Elle contient une réserve, en vue des traités diplomatiques qui peuvent être conclus par la France avec les autres nations, quant à la condition de leurs sujets respectifs. On peut comprendre dans cette catégorie la convention franco-belge du 31 juillet 1891 (1), qui fait disparaître, relativement aux sujets belges nés en France, les difficultés d'application de notre article. Il résulte des articles 1 et 2 de cette convention que les sujets belges visés par l'art. 8 ne seront pas inscrits sur les listes de recrutement en Belgique, avant l'âge de vingt-deux ans ; de plus, la Belgique reconnaît que l'option tacite en faveur de la France, aux termes du même article, emporte changement de nationalité. Par mesure de réciprocité la France admet les effets de l'option expresse en faveur de la nationalité belge effectuée par les individus, nés en Belgique, de parents Français.

Telles sont les formalités et les justifications que doivent remplir les individus, auxquels l'article 8 (3° et 4°) réserve la faculté de décliner la nationalité

_____

(1) Lainé, *Etude sur la convention franco-belge* dans le *Balletin de la Soc. de législation comparée*, 1891-92, pp. 229, 275. — Cette convention existait déjà depuis le 5 juillet 1879. Elle fut modifiée après la loi de 1889, et signée de nouveau le 31 juillet 1891.

française, dans le cas où ils veulent user de ce droit. A l'appui de leur déclaration devant le juge de paix, ils devront représenter les deux certificats dont nous avons parlé. Il est bien évident que cette exigence ne s'applique qu'aux individus mâles. Une femme en effet ne saurait produire de certificat relatif au service militaire.

Ces justifications produites, ainsi que les pièces relatives à l'état civil de l'intéressé, le juge de paix qui a reçu la déclaration doit la transmettre au parquet qui la fera parvenir à la Chancellerie. Les mêmes règles sont applicables à ces sortes de déclarations qu'à celles prévues par l'article 9. Nous avons étudié déjà la procédure de l'enregistrement, nous n'y reviendrons pas ici, il nous suffira de renvoyer aux explications déjà fournies (1).

Cependant, avant d'en finir avec les formalités des déclarations en vue de répudier la qualité de Français, il convient de présenter certaines observations· On s'est demandé, en présence de la rédaction du 8 de l'article 9, si l'enregistrement de ces sortes de déclarations était prescrit à peine de nullité. On lit en effet dans ce paragraphe : « les règles relatives à l'enregistrement, prescrites par les § 2 et 3 du présent article, sont applicables aux déclarations faites en vue de décliner la nationalité française, conformément à l'article 8, paragraphes 3 et 4, et aux articles 12 et 18 ». Or la sanction de nullité,

(1) Voir *supra,* pp.157 et s.

attachée au défaut d'enregistrement, se trouve formulée dans le paragraphe 1 de l'article 9. Il semblerait donc que cette sanction ne dût pas frapper les déclarations qui nous occupent. Cependant il paraît plus logique d'appliquer à cet enregistrement la disposition du § 1er comme on lui applique celles des paragraphes 2 et 3 de l'article 9. Un renvoi formel au § 1er figurait dans le texte voté par le Sénat en mars 1893, il ne se retrouva pas dans le texte que la Chambre des députés adopta en mai 1893, et que le Sénat ratifia au mois de juillet suivant. Comment expliquer cette suppression? Il n'en a été question ni dans les rapports, ni dans la discussion de la loi. Tout ce qu'on peut admettre, c'est qu'elle a été le résultat d'un oubli. Dans ces conditions, il convient de s'en tenir à l'esprit de la loi et de rétablir simplement le renvoi tel qu'il avait été fait. D'ailleurs on comprendrait difficilement que le législateur de 1893, faisant une innovation de cette importance, se fût contenté de prendre une demi-mesure. Nous admettrons par conséquent que l'enregistrement est prescrit à peine de nullité.

Cet enregistrement pourra être refusé pour cause d'inaccomplissement des conditions, dans le cas par exemple où les pièces exigées n'auraient pas été produites, ou bien ne présenteraient pas les caractères d'authenticité suffisants; dans le cas encore où le déclarant ne remplirait pas personnellement les conditions légales. Ce refus pourra alors donner lieu à une instance qui sera portée devant les tribunaux civils, par voie de requête, comme nous l'avons déjà dit. Mais c'est la seule hypothèse dans laquelle il peut y avoir lieu à refus d'enregistrement. Il ne saurait être question en effet de le refuser pour cause d'indignité, comme lorsqu'il s'agit des déclarations acquisitives. On ne saurait, au contraire, mettre trop d'empressement à accorder cet enregistrement : «plus le déclarant sera indigne, plus il sera opportun de le laisser sortir, par une répudiation, de la nationalité française qu'il déshonore (1). »

Enfin, après avoir été enregistrées à la Chancellerie ces déclarations doivent être insérées au Bulletin des lois (2). La liste des individus qui acquièrent ou déclinent la qualité de Français par voie de déclaration est publiée tous les trois mois au Bulletin officiel du ministère de la Justice. Cette liste est adressée à toutes les préfectures, qui assurent l'inscription des intéressés sur les listes de recrutement ou procèdent à leur radiation.

---

(1) Rapport de M. Delsol, déposé le 8 juillet 1893.

(2) Le nombre des déclarations ayant pour but de décliner la qualité de Français s'est élevé en 1898 à 445, dont 152 par application, de l'article 8-3°, et 293 en vertu de l'article 8-4°; — leur nombre était de 408 en 1897, de 459 en 1896; de 496 en 1895; — Les Belges en 1898 ont fait à eux seuls 204 déclarations de répudiation. — J. off. 6 février 1899.

SECTION III

Des déclarations souscrites au nom d'un enfant mineur.

Nous avons vu, dans le chapitre premier, quel intérêt il y a, pour un enfant né en France de parents étrangers, à pouvoir opter pendant sa minorité pour la nationalité française. La loi autorise le mineur à devenir Français avant d'avoir atteint ses vingt et un ans, et elle indique comment devront être faites ces déclarations d'option. Ce cas est réglementé par l'art. 9 § 10 : « si l'individu qui réclame la qualité de Français est âgé de moins de vingt et un ans accomplis, la déclaration sera faite en son nom, par son père ; en cas de décès par sa mère, en cas de décès du père et de la mère, ou de leur exclusion de la tutelle, ou dans les cas prévus par les articles 141, 142 et 143 du Code civil, par le tuteur, autorisé par délibération du conseil de famille. »

Le législateur a semblé supposer, en écrivant cette disposition, que la famille était organisée dans tous les pays, comme en France. Il a édicté des règles, en se basant uniquement sur la réglementation des pouvoirs de famille en France. Cette disposition, contraire, il est vrai, aux principes du droit international, ne doit pas trop nous surprendre. Lorsqu'il a été question, en effet, de fixer l'âge auquel un individu étranger serait considéré comme majeur en France, on n'a pas hésité à dire qu'il faudrait s'en tenir aux principes posés par la loi française sur la majorité. C'est ici l'application du même système. Ce qui a surtout frappé le législateur, semble-t-il, c'est que les individus dont il s'occupait à propos de ces déclarations allaient devenir Français définitivement, que la plupart du temps il étaient déjà établis sur le sol de France, et qu'ils avaient déjà nos habitudes et nos mœurs. On a dès lors estimé qu'il valait mieux leur appliquer la loi française, sous laquelle ils allaient se ranger désormais, que la loi étrangère.

Malgré ces raisons, le système de la loi présente cependant de sérieux inconvénients.

L'art. 9 § 10 fait une énumération des personnes qui sont appelées à souscrire une déclaration de nationalité, au nom d'un enfant mineur. Cette énumération est loin d'être complète et de comprendre tous les cas qui peuvent se présenter.

Dans les conditions ordinaires, c'est le père qui fera la déclaration au nom de son enfant. Si le père est décédé ce droit appartient à la mère. Il faut supposer pour cela que la mère est tutrice de ses enfants, c'est ce qui arrivera le plus souvent. Mais si la mère, sans avoir été exclue de la tutelle, en a été excusée aux termes de l'article 394, la déclaration d'option devra-t-elle être faite par le tuteur en fonctions, ou par la mère ? la loi n'a pas prévu cette hypothèse. Il paraît rationnel cependant d'accorder ce droit à la mère, de préférence au tuteur ; elle pourra donc

souscrire une déclaration de nationalité pour ses
enfants, et elle n'aura même pas besoin, pour cela,
d'obtenir le consentement du conseil de famille (1).

A défaut du père et de la mère et dans les cas
prévus par les articles 141, 142 et 143 du Code civil,
c'est le tuteur qui doit faire la déclaration, après
avoir obtenu une autorisation du conseil de famille.
Il paraît y avoir dans la loi une mesure de défiance
à l'égard du tuteur ; on a considéré qu'il ne devait
pas avoir autant d'attachement pour son pupille que
le père ou la mère pour leur enfant, c'est pourquoi
on lui a imposé cette autorisation. L'article 9 § 10
donne ce pouvoir au tuteur dans les divers cas déjà
énumérés, mais il ne parle pas de l'hypothèse où les
parents ont été déclarés déchus de la puissance
paternelle (art. 335 du Code pénal); il passe également sous silence la loi du 24 juillet 1889, sur la
protection de l'enfance, en vertu de laquelle les
parents peuvent être déchus de plein droit, ou déclarés déchus par la justice, de la puissance paternelle. L'article 14 de cette loi porte en effet qu'a-
près cette déchéance les droits du père et de la
mère « sont exercés par les mêmes personnes, que si
le père et la mère étaient décédés ». Il y a donc lieu
d'appliquer ici, par analogie, les dispositions de l'article 9 § 10 du Code civil.

Il faut enfin signaler une contradiction qui s'élève
entre les dispositions de l'art. 9 § 10 et de l'article

(1) Le Sueur et Dreyfus, p. 115.

141 du Code civil. Dans les cas prévus par les
articles 141, 142 et 143 du Code civil, la déclaration
doit être faite par le tuteur au nom du mineur. Or,
aux termes de l'article 141, « si le père a disparu,
laissant des enfants mineurs, issus d'un commun
mariage, la mère en aura la surveillance, et elle
exercera tous les droits du mari, quant à leur éducation et à l'administration de leurs biens ». Pour
pouvoir appliquer la règle de l'article 9 § 10, il faudrait supposer que le père vient à disparaître, la
mère étant déjà morte. Que si au contraire la mère
existe au moment de la disparition de son mari, il
semble bien que ce soit à elle qu'il appartiendra de
souscrire une déclaration de nationalité.

D'autres difficultés non moins sérieuses résultent
encore du système adopté par le Code civil en cette
matière. Comment fera-t-on, par exemple, pour
établir une déclaration d'option au nom d'un mineur
lorsque celui-ci n'aura plus son père ni sa mère et
que sa loi nationale ne lui donnera pas de conseil de
famille? ou encore, comme cela arrive dans certains
pays, lorsque ce sera le tribunal civil qui tiendra lieu
de conseil de famille? qu'arrivera-t-il encore lorsque
la loi étrangère ne permettra pas au tuteur d'opter
pour le mineur, ni au conseil de famille d'autoriser
cette option ? Ce serait le cas d'un tuteur ou d'un
conseil de famille français (1). Dans tous les cas où

(1) Audinet (J. Clunet, 1889, p. 205 et *Revue critique*, 1891). —

la protection du mineur ne sera pas organisée par
la loi étrangère, de la même façon que par le Code
civil, on sera forcé de procéder par voie d'analogie,
et d'admettre la déclaration faite au nom du mineur
par son représentant légal, dûment habilité.

Nous savons désormais quelles sont les personnes
qui sont appelées à souscrire des déclarations de
nationalité au nom des enfants mineurs. Quant à la
forme, ces déclarations sont soumises aux mêmes
règles que celles faites par des individus majeurs.
Nous ne reviendrons pas ici sur ces formalités.

Il est cependant une question dont il convient de
s'occuper à ce sujet. L'article 9 § 10 ne parle que de
la déclaration à faire pour le mineur, et ne s'occupe
pas de la soumission de transporter le domicile en
France, ni du transfert de ce domicile d'une façon
effective, prescrits par le § 1ᵉʳ de l'article 9. Ces deux
formalités doivent-elles être exigées lors de la déclaration faite au nom du mineur ? On l'a prétendu, en
invoquant précisément la similitude qui existe entre
les déclarations faites au nom du mineur, par son
représentant, et celles qui sont faites directement
par un majeur. Et on ajoute que le législateur a eu
l'intention d'obliger tous ceux qui deviennent Français par le bienfait de la loi à transporter en France
leur domicile. Cependant, il nous semble difficile
d'imposer cette condition à un enfant mineur. Il

Cohendy, *le Droit*, du 3 novembre 1889. — Cogordan, p. 100, — Vincent, p. 85, n° 106.

faut remarquer en effet que celui-ci ne saurait avoir
de domicile propre. Il n'a qu'un domicile de dépendance, celui de son père ou de son tuteur. On peut
répondre, il est vrai, que cela importe peu, et qu'il
suffira au mineur d'avoir en France sa résidence,
pour satisfaire au vœu du législateur. Nous admet-
tons parfaitement que la résidence suffise, mais cette
résidence, comme le domicile, n'est-elle pas soumise
à la volonté du père ou du tuteur de l'enfant mineur?
De même qu'ils peuvent, en changeant leur domicile,
changer celui de leur enfant ou pupille, ne peuvent-
ils pas aussi, en vertu de leur droit d'éducation, tout
au moins en ce qui concerne le père, changer la résidence de l'enfant. Le tuteur pourrait d'ailleurs, avec
une autorisation régulière du conseil de famille,
arriver au même résultat. Il est donc bien difficile
d'exiger cette condition de domicile des mineurs,
alors qu'il ne dépend pas de leur volonté d'y satisfaire.

Le modèle de déclaration à souscrire au nom du
mineur qui invoque l'article 9 ne suppose même pas
que ce dernier soit domicilié à l'étranger et ne parle
que de celui qui est domicilié en France. Et il faut
bien reconnaître que, dans la plupart des cas, presque toujours il en sera ainsi. C'est précisément parce
que ces enfants seront domiciliés en France, et qu'ils
auront intention d'y rester, qu'on fera la déclaration
de l'article 9. Aussi la discussion perd-elle beaucoup de son importance.

La déclaration doit être faite devant le juge de paix du lieu où habite le père, la mère ou le tuteur de l'intéressé. Le déclarant doit produire son acte de mariage, et au besoin son acte de naissance et celui de son conjoint, si la déclaration est faite par le père ou la mère ; les actes de naissance de ses enfants et un extrait de leur casier judiciaire. Toutes ces pièces sont annexées à la déclaration et transmises avec elle à la Chancellerie en vue de l'enregistrement qui est prescrit à peine de nullité.

Les mêmes formalités et la même procédure que pour les déclarations souscrites par les individus majeurs sont applicables à ces déclarations. Tout ce que nous avons dit plus haut, sur la forme de la déclaration, son enregistrement à la Chancellerie, le droit du gouvernement de le refuser, doit encore recevoir ici son application (1).

(1) En 1898, la Chancellerie a enregistré 946 déclarations en vue d'assurer la qualité de Français à des individus ayant la faculté de répudiation, dont 827 en vertu de l'article 8-3° et 14 en vertu de l'article 8-4°. — (*J. off.* du 6 février 1899).

CHAPITRE III

Des effets de l'acquisition de la nationalité française en vertu des articles 8-3° et 4° et 9 du Code civil par rapport à l'intéressé lui-même, et à sa famille.

I

I. — L'individu qui acquiert la nationalité française, en vertu des dispositions de faveur des articles 8 §§ 3 et 4 et 9 du Code civil, a la jouissance immédiate, tant au point de vue civil qu'au point de vue politique, de tous les droits qui sont attachés à cette qualité.

Et d'abord, au point de vue de la jouissance des droits civils, cette solution résulte du § 1er de l'article 8 du Code civil : « Tout Français jouira des droits civils. » Par conséquent, du jour où sa déclaration a été souscrite régulièrement, l'enfant né en France de parents étrangers, qui a usé du droit que lui accorde l'art 9 § 1, devient Français au même titre que celui qui est né de parents français. De ce jour, sa condition est régie par nos lois nationales, et on ne saurait faire aucune distinction entre lui et un Français d'origine. Il est à remarquer toutefois que cette qualité et ces avantages ne lui sont acquis que pour l'avenir. Jusqu'à ce moment

il était étranger. L'article 20 du Code civil le
déclare expressément : « les individus qui acquerront la qualité de Français dans les cas prévus par
les articles 9, 10, 18 et 19 ne pourront s'en prévaloir que pour les droits ouverts à leur profit depuis
cette époque. » Cela est certain aussi, lorsque l'intéressé est devenu Français par l'effet d'une déclaration, faite en son nom par ses représentants, au
cours de sa minorité, et dans le cas encore où il s'est
laissé inscrire, sans protestation, sur les listes de
recrutement. Dans cette dernière hypothèse, il
devient Français du jour du tirage au sort, qui remplace pour lui la déclaration qu'il aurait dû souscrire ensuite (1).

Mais en est-il de même, dans le cas de l'article 8
§ 4, lorsque l'individu né en France d'étrangers s'y
trouve domicilié au moment de sa majorité? On l'a
prétendu en disant que le fait pour cet individu d'a-
voir son domicile en France, au moment de sa majorité, et de ne pas décliner la nationalité française,
ainsi que la loi lui en donne le droit, équivalait
pour lui à une option tacite. Ce serait donc à partir de ce moment-là, seulement, qu'il deviendrait
Français. Nous avons eu occasion de signaler cette
controverse (2), et sans vouloir y revenir ici, nous
nous contenterons de répéter la solution que nous
avons déjà admise. Dans le cas prévu par l'article 8

(1) Campistron, p. 106.
(2) Voir *supra*, ch. I, sect. II.

§ 4 du Code civil, il convient de décider que la qualité de Français est acquise avec effet rétroactif au jour de la naissance. Sans doute, il pourra en résulter dans la pratique des difficultés qu'on évite dans le système opposé, mais ce n'est pas là une raison suffisante pour faire repousser cette idée de rétroactivité.

II. — On s'accorde au contraire à reconnaître, en ce qui concerne la jouissance des droits politiques, que les jeunes gens qui ont obtenu la naturalisation de faveur qui nous occupe doivent en avoir le libre exercice immédiatement (1). Ce n'est qu'à partir de sa majorité qu'un Français peut user de ses droits politiques : et c'est aussi au moment de leur majorité que les enfants nés en France d'étrangers sont appelés à devenir Français d'une manière définitive, en vertu des articles 8-4° et 9 du Code civil. Il semble donc naturel de leur accorder pour l'avenir l'exercice des droits politiques inhérents à la qualité de Français qu'ils viennent d'accepter ou de réclamer. On s'est cependant demandé quelquefois, si cette solution était bien admissible en présence de l'article 3 de la loi du 26 juin 1889. Cet article, parlant des étrangers naturalisés, dispose à leur égard : « l'étranger naturalisé jouit de tous les droits civils et politiques attachés à la qualité de citoyens français. Néanmoins,

---

(1) L'individu né en France de parents étrangers, et domicilié dans ce pays, doit être porté à l'époque de sa majorité sur les listes électorales. (Cass., 22 avril 1896, Clunet, 1897, p. 351).

il n'est éligible aux assemblées législatives que dix
ans après le décret de naturalisation, à moins qu'une
loi spéciale n'abroge ce délai. Le délai pourra être
réduit à une année. Les Français qui recouvrent cette
qualité après l'avoir perdue acquièrent immédiatement tous les droits civils et politiques, même l'éli-
gibilité aux assemblées législatives. » Les motifs qui
ont dicté cet article 3 de la loi de 1889 sont faciles
à apercevoir. Le législateur a craint que ce nouveau
Français ne connût pas assez les aspirations et les
besoins de ses concitoyens, pour les représenter di-
gnement. C'est pourquoi il lui a imposé l'obligation
d'attendre un certain nombre d'années, avant de
briguer leurs suffrages, pour devenir un représentant de la nation. Un tempérament a d'ailleurs été
apporté immédiatement à cette mesure ; « le délai
pourra être réduit à une année, » si les agissements
et la conduite de l'individu naturalisé dénotent qu'il
réunit bien les conditions suffisantes pour faire partie des Assemblées législatives.

Ces motifs n'existent plus, lorsqu'il s'agit de la
naturalisation de faveur. Ceux qui ont ainsi profité
du bienfait de la loi ont donné, le plus souvent, des
preuves de leur attachement à la France. La situation particulière de ces nouveaux Français conduit
à décider qu'ils ne doivent pas être assimilés aux
individus naturalisés par décret. On doit au contraire les confondre avec les Français d'origine, à
ce point de vue. L'art. 3 de la loi de 1889 ne res-

treint les effets de l'acquisition de la nationalité
française qu'à l'égard de ceux qui sont naturalisés
par décret. Au surplus, il serait choquant de traiter
ceux qui deviennent Français par simple déclaration, ou par l'accomplissement des formalités légales
moins bien que les anciens Français, qui ne recouvrent leur qualité que par un décret de réintégration.
Or, le législateur prend soin de spécifier que ces
derniers jouiront de la plénitude des droits politiques. Cette solution ne faisait aucun doute sous
l'empire de la loi du 4 juin 1814, et de la loi du 3
décembre 1849, qui distinguaient, comme la loi de
1889, la naturalisation par décret et la naturalisation de faveur (1).

II

Tels sont les effets de l'acquisition de la qualité
de Français, par rapport à l'intéressé lui-même.
Demandons-nous maintenant si les effets de cette
naturalisation de faveur vont s'étendre à sa famille.

Il convient tout d'abord de ramener la question
à ses justes limites, avant de rechercher quelle solution on doit lui donner. Il faut entendre ici par famille, la femme et les enfants de l'intéressé. Or il
est un point certain, c'est que pas plus dans les hypothèses prévues par l'article 8-3° et 4° que dans
celles de l'article 9 du Code civil, il ne pourra avoir

(1) Chausse, *Revue critique*, 1890, p. 385.

d'enfants majeurs. Par conséquent, il nous reste à examiner si le changement de nationalité de cet individu doit influer sur la condition de sa femme et de ses enfants mineurs. La loi est muette sur ce point. Elle s'est contentée de réglementer, dans l'article 12 du Code civil, la condition de la femme et des enfants de l'individu, devenu Français à la suite d'une naturalisation proprement dite : « La femme mariée à un étranger, qui se fait naturaliser Français et les enfants majeurs de l'étranger naturalisé, pourront, s'ils le demandent, obtenir la qualité de Français, sans condition de stage, soit par le décret, qui confère cette qualité au mari ou au père, ou à la mère, soit comme conséquence de la déclaration qu'ils feront, dans les termes et sous les conditions de l'article 9. Deviennent Français les enfants mineurs d'un père ou d'une mère survivant, qui se font naturaliser Français à moins que, dans l'année qui suivra leur majorité, ils ne déclinent cette qualité, en se conformant aux dispositions de l'article 8 § 4. »

Étant donné ces dispositions de la loi, faut-il par analogie les étendre à la femme et aux enfants de celui qui souscrit une déclaration acquisitive de nationalité, aux termes de l'article 9, et à ceux qui deviennent Français, *ipso facto*, par ce qu'ils ont leur domicile en France à leur majorité, ou qu'ils se sont laissés enrôler dans l'armée française ? Ou bien au contraire, faut-il décider que dans ces cas spéciaux le bienfait de la loi ne profitera qu'au seul intéressé?

Le décret réglementaire du 13 août 1889 déclare expressément qu'on doit assimiler, à ce point de vue, les deux espèces de naturalisation ; c'est ce qui résulte de son article 5 § 2 : « dans les cas de *naturalisation de faveur* prévus par les articles 9 et 10 du Code civil, la demande (de la femme et des enfants) est jointe à la déclaration, faite par le mari, le père ou la mère (1). » D'ailleurs après avoir reconnu que la naturalisation de faveur a quelquefois, comme la naturalisation ordinaire, une demande pour fondement, on pourrait dire que par ces mots « qui se fait naturaliser Français » l'article 12 fait allusion à l'une et à l'autre naturalisation, et que la suite du texte a seulement pour objet d'indiquer une règle spéciale, au cas de naturalisation ordinaire (2).

Cette opinion a été consacrée plusieurs fois par la jurisprudence (3) et malgré quelques situations

(1) La même interprétation se retrouve dans la circulaire du garde des sceaux du 23 août 1889. « La loi du 26 juin 1889, sur la nationalité, admet dans certains cas l'acquisition de la qualité de Français, par voie de simple déclaration. Cette faculté, qui existait dans la législation antérieure, avait été déjà assimilée par la doctrine et par certaines décisions de jurisprudence, à un mode spécial de naturalisation. Elle a été consacrée par le législateur, sous le nom de naturalisation de faveur... le déclarant devra produire toutes les justifications nécessaires, pour établir la régularité de sa déclaration et l'état civil de ses enfants mineurs, appelés à devenir Français, en vertu de la naturalisation de leur auteur. La demande de la femme et des enfants majeurs qui voudront profiter des dispositions de la loi, pour solliciter leur naturalisation, sans condition de stage, devra être jointe à la déclaration faite par le mari, le père ou la mère ».

(2) Campistron, p. 109.

(3) Jug. Lille, 3 janv. 1889, confirmé par arrêt de Douai, 16 avril 1889, Sirey, 91, 2, 3; — Nancy, 25 mars 1890; Sir. 1892, 2, 286.

bizarres, auxquelles elle peut donner lieu, elle a été admise par la plupart des auteurs (1).

Par conséquent la femme de l'étranger, devenu Français en vertu d'une déclaration acquisitive de nationalité, pourra user des dispositions de l'article 12 du Code civil, pour suivre la condition de son mari.

Quant aux enfants mineurs de ce même individu, il arrivera très souvent qu'ils seront Français de plein droit, comme étant nés en France d'un étranger qui lui-même y est né. Quelquefois même, ils auront le droit de répudier cette qualité au moment de leur majorité, c'est ce qui arrivera toujours, dans le cas de naturalisation de la mère après la mort du mari.

Il importe de remarquer ici que, d'après les modèles de déclaration n°s 3 et 4 (application de l'art. 10 du Code civil), le déclarant doit renoncer, au nom de ses enfants mineurs, à la faculté de répudiation qui pourrait leur appartenir, comme nés en France d'une mère qui y est elle-même née, en vertu de l'article 8 § 3 du Code civil. On peut se demander, avec raison, pourquoi on n'impose pas la même obligation à celui qui souscrit une déclaration en conformité de l'article 9 § 1. Y a-t-il eu oubli? on peut le supposer, car il importe autant dans ce cas que dans

(1) De Bœch, note sous arrêt. D. 1891, 2, 89. — Le Sueur et Dreyfus, pp. 90-108. — Gruffy, Clunet, 1894. p. 472. — Chausse, *Revue crit.*, 1890, p. 386.

le précédent de fixer d'une manière définitive la
condition de ces enfants.

Les mêmes solutions doivent être admises, pour
les cas où la qualité de Français est acquise à l'intéressé, sans qu'il ait besoin de faire de déclaration,
c'est-à-dire lorsqu'il est né en France et domicilié à
sa majorité et lorsqu'il s'est laissé inscrire sur les
listes de recrutement. On a ainsi l'avantage de ne
pas diviser la famille, au point de vue de la nationalité ; on lui permet de conserver son unité sous ce
rapport, ce qui est infiniment préférable.

III

Telle est, dans notre droit actuel, la situation faite
aux individus nés en France de parents étrangers.
Malgré les nombreuses modifications qui ont été
apportées en cette matière depuis de longues années,
il semble que l'on n'ait pas encore parfaitement
atteint le but. De nouvelles réformes s'imposent pour
faire disparaître de notre législation les contradic-
tions qui s'y rencontrent et lui donner l'unité qui lui
fait défaut. Nombreuses sont les critiques qui lui
ont été adressées, et il faut bien reconnaître que
beaucoup sont justifiées. La loi de 1893 a cependant fait œuvre utile. Si elle n'a pas réussi à combler
toutes les lacunes qui existaient déjà, du moins,
a-t-elle eu certaines innovations heureuses. C'est
ainsi qu'elle est arrivée à centraliser les déclarations

de nationalité, et à leur donner une publicité nécessaire, en prescrivant leur enregistrement à peine de
nullité. Le législateur a encore été très bien inspiré
en accordant au gouvernement un droit decont rôle
sur ces déclarations et surtout sur la moralité des
déclarants. La loi de 1889 s'était montrée très large,
accordant l'accès de la nationalité française, avec
un libéralisme exagéré. Il était vraiment inadmissible
que la France se vît contrainte de recevoir au
nombre de ses nationaux des individus, qui lui
étaient quelquefois ouvertement hostiles, et qui souvent étaient des malfaiteurs dangereux. C'est pourquoi il était juste de permettre au gouvernement de
refuser à ces individus l'enregistrement de leurs
déclarations, afin de leur empêcher l'accès de la
Patrie française.

Certes il y a là d'excellentes dispositions ; mais
il est à regretter que la loi de 1893 n'ait pas apporté
sur certains points une réglementation précise, ne
permettant plus le doute, ni la discussion. C'est
ainsi notamment qu'il eût été bon de trancher la
controverse soulevée par la question d'expulsion
des enfants nés en France d'étrangers, pendant leur
minorité. Cette question n'est d'ailleurs pas la seule
qui demande une solution ; nous en avons signalé
plusieurs autres, au cours de cette étude. Aussi est-
il à souhaiter qu'une nouvelle disposition législative vienne mettre la dernière main à l'œuvre en-
treprise depuis si longtemps. Profitant des avantages

créés déjà et des améliorations obtenues par les lois
précédentes, elle pourrait donner à la France une
réglementation définitive en cette matière, et réaliser ainsi un progrès considérable.

Vu par le Président de la Thèse :
F. SURVILLE.

Vu : *Le Doyen :*
LE COURTOIS

VU ET PERMIS D'IMPRIMER
Poitiers, le 9 juin 1899.
Le Recteur :
H. CONS.

TABLE DES MATIÈRES

Poitiers. — Imp. BLAIS et ROY, 7, rue Victor-Hugo.

www.ingramcontent.com/pod-product-compliance
Lightning Source LLC
Chambersburg PA
CBHW070459200326
41519CB00013B/2636